带团队，就是用好你身边的人

[日] 高岛宏平◎著
郭琼宇　董　雪◎译

中信出版集团 · CHINACITICPRESS · 北京

图书在版编目（CIP）数据

带团队，就是用好你身边的人 /（日）高岛宏平著；
郭琼宇，董雪译 . -- 北京：中信出版社，2016.12（2024.9 重印）
ISBN 978-7-5086-6974-8

Ⅰ . ①带… Ⅱ . ①高… ②郭… ③董… Ⅲ . ①企业管
理－组织管理学 Ⅳ . ① F272.9

中国版本图书馆 CIP 数据核字（2016）第 268979 号

带团队，就是用好你身边的人

著　　者：[日] 高岛宏平
译　　者：郭琼宇　董　雪
策划推广：中信出版社（China CITIC Press）
出版发行：中信出版集团股份有限公司
（北京市朝阳区东三环北路27号嘉铭中心　　邮编　100020）
（CITIC Publishing Group）
承 印 者：北京盛通印刷股份有限公司

开　　本：880mm × 1230mm　1/32　　印　　张：7.25　　字　　数：90 千字
版　　次：2016 年 12 月第 1 版　　印　　次：2024 年 9 月第 15 次印刷
京权图字：01-2015-5821　　广告经营许可证：京朝工商广字第 8087 号
书　　号：ISBN 978-7-5086-6974-8
定　　价：49.00 元

序言 /

Oisix 公司就是从所谓的散漫团队发展起来的。

“这样的团队是不可能取得成功的。”如今终于说出了这句话，其实从业期间我们不止一次有过这样的想法。

电商 Oisix 在创业初期便四处碰壁，一无所成，它的主要业务方向是“生鲜食品”，这项业务即便是在互联网经济发达的美国，也有过不少的失败案例。在 2000 年，日本还没有任何成功的类似案例，这项业务在世界上也被公认为“就算失败了也理所当然”。

正因为如此，我开始与拥有各行各业优秀背景的同伴们一起，为创立日本互联网行业里首个食品宅配超市而努力奔波。

但是，这支原本为了挑战困难任务而组成的“最优秀团队”却发生了内部分裂。由于一切需要从头做起，所以大家都变得精神紧张，再加上以我为首的不成熟的年轻人比较多，因此无论是周围的家人，还是上司、下属，都处于一种比较焦躁的状态中。

Oisix 创立一年后，财务还是处于赤字状态。

值得庆幸的是，我们的业务因其创新性得到了媒体的推广。即便如此，对于财务上的拮据困境，团队依然是一筹莫展。赤字仍然在不断扩大，每次被媒体报道的时候，我的内心都会非常不安，但又不能在媒体和团队成员面前露出那种无能的神色，所以我总想着至少在大家面前表现出“强大领导者”的气势。

这种战战兢兢、如履薄冰的日子持续了很长一段时间。

有一天，对 Oisix 有着深厚的感情，从创业初期就一直支持 Oisix 的成员突然对我说：“我们已经不能再跟宏平先生步调一致地继续工作了。”

对 Oisix 团队来说不可或缺的成员们陆续离开了，我却只能无奈地接受这个现实。

之后，又有其他成员因为生病，或者不能接受我的做法而离开，等我回过神来，Oisix 已经脱离了原来的轨道，变成了一个有着高离职率的团队。

每当出现这种情况，我都会进行反省，认为自己“必须早日成为一个优秀的领导者”。我阅读各种有关领导力的书籍，拜会各类领导者，改正自己性格中的缺点，并努力表现出一个优秀领导者的风度。但是从团队成员的角度来说，这却给他们带来了不小的麻烦。有时候我会表现得特别温厚随意，有时候又会对所有事情提出非常严苛的要求。我太想塑造符合优秀领导者形象的“人性”（也可以说是“性格”），用力过猛，反而让自己的行为令人捉摸不定，这必然产生不了好结果。

阅读关于领导力的书，想要按照书本内容进行实践，这种想法固然可以理解，但是我发现书中所描述的领导者都如“圣人君子”一般，即使读者想要挑战，尝试采取同样的做法，也并不能长久，反而会对自己的领导力，甚至会对自身的性格失去信心。

当然，我也陷入了这种越学习却越不安的恶性循环中。虽然在媒体和团队成员面前表现得自信满满，内心却不断质问自己：“我真的能够继续做好这个团队的领导吗？”

在我深陷迷茫的深渊时，朋友问了我这样一个问题：“你觉得除你之外，谁能胜任 Oisix 领导者的位置呢？”

面对叫苦不迭的我，朋友的这句话从根本上动摇了我的想法，让我的意识有了极大的改变。

我的领导方式确实有不成熟之处，但即使让书本上的领导者带领现在的 Oisix，也不一定能够一帆风顺。而且我敢说没有人比我对 Oisix 更有热情，按照自己的方式来磨炼自己的领导力，不就是最好的捷径吗？

“要做自己，而不是成为其他人。要成为优秀的领导者，只能摸索自己的模式。”

如果我们从人性的角度来看领导力的话，往往会因为在与伟大的领导者比较的过程中产生的差距而感到沮丧。因此，需要将领导力在技术层面与人性剥离开来。

作为一个领导者，要做出成果，除了不断试错，塑造属于自己的领导形象之外，别无他法。如果将领导技能和人性混为一谈，就极易将注意力转移到自己性格的不足上，从而导致信心尽失，反而无法发挥自己应有的能力。

一旦将领导力从技术层面与人性剥离开来，就会注意到领导者所使用的技能可以通过后天努力而掌握。只要在这些看起来微不足道的细节上下足功夫，即使不是圣人君子，大多数领导者也可以通过后天学习，获得受人推崇的领导者习惯和说话方式。

意识到这一点，我们就可以转换思路——既然这样的话，要塑造自己独特的领导方式，就要不断地学习必要的“技能”；并在不断试错的过程中，培养作为一个领导者的言行举止，进一步感受与团队成员一起工作的喜悦感和成就感。

Oisix 这支小团队自成立以来已历经了 14 个春秋。现在，Oisix 在世界上首次实现了生鲜电商的盈利并成功上市，发展成为员工人数超过 700 人的企业。在这期间，我学习了各种领导方式和技能，并通过不断实践和改良，带领团队走到了今天。现在，公司的离职率大幅度下降，生育后的女性员工差不多 100% 都在产后回到公司继续工作。

Oisix 的经验也同样可以应用到其他团队。

作为二人圆桌组织（TABLE FOR TWO）的理事之一，我参与成立了这个致力于同时解决发展中国家贫困问题和发达国家肥胖问题的组织。

我也与入选达沃斯会议“年轻·全球·领导”（Young、Global、Leaders）项目的领导者们一起创立了“明日创新天”（BEYOND TOMORROW）组织，致力于对东日本大地震受灾地的青少年实施教育援助。

同样，以长期援助在东日本大地震中受灾的食品关联企业为目标，我参与成立了一般社团法人“东食会”。

在 Oisix 获得的经验在成立以上组织时都发挥了重要作用。

比起一个人去挑战，由团队成员齐心协力、挑战成功所带来的喜悦感要大得多，仅靠一个人不能实现的事情，在团队的努力下也能够实现。如果世界上有更多优秀团队诞生的话，我们的社会也会变得更加生机勃勃。

我坚信：“没有团队，就没有现在的 Oisix。”

在诸多领导方式中，领悟“知道”和“做到”之间的细微差距需要一定的技巧。

在本书中，我将把我在艰苦卓绝的斗争中学到的团队制胜技能以有序的、任何人都能做到的“秘诀”方式呈现给大家。这份秘诀将被整理为“观察”“传达”“配置”“投入”“培养”“重建”“成长”7个部分进行介绍。

虽然这些看起来都是微不足道的细节，但对于发掘并解放团队的潜能都属于必杀技。

- “自己没有领导力，没有使团队团结一心的自信。”
- “成员们不能友好相处，整个团队一盘散沙。”

……

希望可以通过本书，让处于以上困扰中的领导者们，在不否定自己人性、不丧失自信的同时，能够在实践中尝试使用这些有助益的技能。

希望更多卓越的领导者、优秀的团队不断涌现出来，并不断尝试各种挑战，将各种激动人心的策划变为现实，获取更优异的成绩。我期望我们的社会前景由此一片欣欣向荣、充满生机。

高岛宏平

目　录

第 1 章

“观察”的秘诀——了解现有成员的真正“强项”

0

领导能力是能通过练习掌握的“技术”

“所谓领导者的天赋并不存在”，这是我的真实感受。

与游泳、做菜、开车等这些技能一样，领导能力也是通过练习就能掌握的技术。

我第一次意识到要用“技术”“技能”管理团队是在高中时代。那时，我一边担任学园祭的执行委员，一边负责一个为了在学园祭上表演而成立的剧团。光是执行委员的工作就已经让我忙得不可开交，可是我还自鸣得意地又成立了一个剧团。

在剧团里我担任导演、编剧和团长。虽然从事的主要都是幕后工作，不像主演一样沐浴在聚光灯下，但对我来说却新鲜有趣。比起自己一人受瞩目，我更感兴趣的是为演员分配角色。演员们按照我写的剧本演出，让观众感动……没有什么比让观众和演员同时获得满足更让我愉快的事情了。

因为是男校，所以剧团成员全部都是男生。自愿参加的志愿者有 30 多名，因此需要给所有人都分配角色。有人因为被分到配角而发脾气，想要演主角的人不在少数。而对于我来说，角色分配不仅要考虑故事情节，还要考虑这个人和角色匹配与否。

在费尽心思构想剧本和选角的过程中，我自然会对团队成员进行深入的观察。平时看起来吊儿郎当的人，实际上练习起来非常认真。看起来粗枝大叶的人，却很擅长做小道具……通过细致观察，我发现了大家真正的样子。

在此基础上，我结合团队成员们的性格和优点，在自己的说话方式和行为举止上花费心思，时而疾言厉色、一丝不苟，时而和蔼可亲、谆谆善教，时而对团队成员赞不绝口、不吝美言，如此一来，一支生机勃勃的队伍就慢慢出现在人们眼前了。

作为剧团的领导，就是要将各种各样的人——一开始手舞足蹈特别兴奋、练习时却偷懒的人，或胡言乱语、多嘴多舌的人，或虽然拼尽全力却总是不得要领的人——整合到一起，并最终取得在学园祭上感动观众这一“胜利”。虽然这不过是高中生的一场演出，但对我来说，却为我提供了作为一个领导者第一次使用技能的宝贵经验。

- “啊！原来我也可以做领导。”

• “通过观察，了解每个人之后，一切就会变得很容易。”

如今再回想起来，那时的经验，不仅让我体会到了成功的喜悦和魅力，也让我认识到一个领导未必事事都要拔头筹，只要能够真正理解团队成员，在说话方式和配置方面——现在想想这应该就是技能了——下足功夫，就会发现能做好的事情越来越多。

之后，剧目演出获得了巨大的成功。观众达到了600多人，演员们虽然都是些邋遢的男高中生，却让许多观众流下了感动的泪水。

参与演出的团队成员则收获了更多的感动。为了延续这份感动，大学时期我便创业组建了团队，后来有了Oisix团队，如今我还在不断学习关于团队管理的知识。

比起一个人的战斗，由团队战斗取得胜利所带来的喜悦感是倍增的。

团队领导应该如何带领团队成员不断前进，对我自身而言也是一个正在开展中的课题。作为一个团队领导，首先要做的就是“了解成员”，并以此为目的“观察”成员。对此，我将在下面和大家分享我的经验。

1

谁也不会仅仅因为“号召力”而追随你——推荐“积极地接收”

对领导者而言，“观察”究竟有多重要？作者将在本书再三提到这一点以凸显其重要性，最后可能会让读者厌烦地感到“怎么又说了一遍”。

团队领导在与成员进行交流时也不例外，最重要的还是观察。尤其在团队刚刚成立之时，这对于领导者来说是非常重要的行为。

观察换句话来讲就是“积极地接收”。

领导与成员的交流，往往属于“号召型交流”，即领导仅仅能意识到自己应该如何谈话、如何表达、如何引导。当然，在想要召集众人发号施令时，这种方式也很正常。

然而，对于领导来说，接收信息和发出信息同样重要。领导必须要一字不漏地全面接收成员们的信息。对于不能用语言表达出来的信息，也要通过观察积极地加以接收。

- 对成员下达指示的时候，他们点头的样子是不是跟平常不太一样?
- 他们在说“没问题”的时候，有没有露出不安的神情?

我会在自己说话的空隙，认真观察成员们的反应。如果发现有不对劲儿的地方，就会多加注意。

人的表情比想象中更能出卖自己的内心。人们在说话的时候，会意识到自己“引人注目”，因此会故意做出一些表情；但当人们听别人说话时，会认为“自己不是发出信号的源头，不会被人注意”，因此在不经意间会流露出真表情，这是领导接收信息的绝好机会。

“说起来虽然容易，但我做领导时日尚浅，完全看不明白。”“我比较迟钝，从表情上可读不出他们在想什么。”有这些想法的人可以尝试在日常工作中对成员的表情进行定点观察，长此以往慢慢就能看出，“他这次跟上次开会的时候表情不一样。”

领导如何接收成员们不经意的发言、点头方式、表情、举止这些信号，对于管好一个团队非常关键。

对于项目，如果觉得“大家对这个项目不太感兴趣”，就要重新审视这个项目；如果觉得“这个项目可行”，就要考虑如何激发大家的干劲儿；如果确实觉得“这个做法有些不妥”，就要重新修改项目计划。

对于成员，如果觉得“只有那个家伙不能接受”，就要对那个成员采取特别对策；如果觉得某个成员对这个项目非常感兴趣，也可以考虑以这个成员为核心推动项目。

我们经常会说，对领导而言，最重要的是号召力，领导应该将自己的理想蓝图用语言传达给成员。但是对于只有5个人、10个人的小型团队而言，由于大家经常能够见面，因此领导者能否有效接收成员信息这一点非常重要。“最后总是变成一纸空谈，没有人追随我。”“大家心里到底是怎么想的？”抱有这些疑惑的领导者们，希望你们能够积极地与成员进行接收型交流。

2

通过观察“成员在做什么的时候最有干劲儿”而因才施用

- “他总是充满阳光，不管做什么都觉得有趣，一定是个点子大王。”

就因为这个假设，把新产品的宣传策划交给这个“点子大王”，到头来他除了模仿别人的点子之外一无是处——这样的事情恐怕不止一个领导遇到过吧。

“气质并不等同于人的资质。”即便知道这个道理，我们还是经常会以第一印象和外部形象来判断人的性格和技能，这种简单错误也很常见。

有很多人性格活泼干脆，但比起创造力，他们可能更注重正确性；还有很多人，虽然在公司里擅长与人交流，有很强的沟通能力，但跑业务时在客户面前却沉默不语。

不要被人的气质所迷惑，因才施用的最好方法就是观察。

所谓观察并不是粗略看看成员日常的工作态度，而是仔细查看其工作流程。要仔仔细细、踏踏实实地加以观察。对领导而言，观察是决不能马虎大意的重要工作。

如果仔细观察成员的工作流程，就可能看到“资料总是摆放有序，计算总是认真正确，时限总是严格遵守”这些特征，最终真正认识到“这个人的最大优势在于操作的准确性”，如此一来就能判断出“与其让他去出谋划策，不如让他来如实执行别人的想法，将想法转化为成果”。

在观察成员的工作流程时，也要注意观察“成员在做什么工作时干劲儿满满，而做什么工作时又痛不欲生”。

有的成员在做普通工作时，眼神像死鱼眼般黯淡无光，而在公司活动上却非常开心，这让我意识到此人“能跟任何人都打成一片，喜欢与人聊天”。

看起来老实沉稳的人，实际上想法天马行空；看起来浮躁的人，实际上做事一丝不苟。

虽然人的外表气质和才能两者并不相符的事例不在少数，但是没有必要由此就认为“管理是件难事”。就我而言，我把这当作“了解人类的乐趣”，反而特别享受这种反差。

3

首先了解成员的"1"

"随便交给他的工作，却让他不堪重负。""已经将比较严肃的工作交给他，却还被抗议'不把重要的工作交给我'。"

在团队成立之初，对于领导来说，将什么样的工作交给什么样的成员是一件让人非常头疼的事情。

我们经常说，只有经过肌体酸痛，才能练出肌肉。同样，如果不给成员重负，使其在某种"疼痛"的状态下工作的话，成员的能力就不会得到提高。但是，如果给成员的担子过重，不仅不会促进其成长，反而会造成一定的伤害。领导的工作之一就是权衡如何对部下施以适量的负荷。

我认为，最佳负荷应该约为成员实际能力的 1.2 倍。对于 20 岁左右的年轻人来说，1.5 倍也可以，这是因为人们一般认为年轻人的抗压弹性较高。

有的领导可能觉得"2 倍左右比较好"，或者"这个人的话，10 倍也可以"。

每个领导对成员的培养方法可能不尽相同，但是不管方法如何，重要的一点是只有正确认识到成员的“1”（即实际能力），才能对此加以适量的调整。

领导由于没有正确认识到成员的“1”，本以为安排了相当于他实力 1.2 倍的工作，却没想到实际上是 2 倍的负担，这样就会有问题产生。

有相当一部分领导都没有正确认识到成员的“1”。

要想了解成员的“1”，最有效的方法是交给他们不同类型的“短时间内就可以完成的工作”。从为时一小时到一天之内的这种零碎工作中，可以看出成员擅长和不擅长的方面。例如：

- “在今天之内试着找一家能够帮我们生产冰激凌的工厂。”
- “能不能在两个小时之内把这份资料做出来。”

在团队成立之初，我通过把这些工作交给成员，据此对他们进行细分管理。有人在一个小时之内就做出了非常令人满意的成果，有人却令我大失所望。此外，通过这些工作还可以看出每个人的才能，比如有的人虽然打电话的效率非常高，却不擅长写书面文件。

在接收信息的交流中，领导必须首先努力了解成员的“1”，才能权衡适量的成员负荷。

4

了解成员擅长的交流方式

交流不能简单地一概而论，而是要区分各种不同的方式。

我个人对直接的交流比较用心，在公司里即使与对方不在一个楼层，也要走到对方的面前直接交谈。虽然有时候是因为“太生气了，必须要当面谈谈”，或“太高兴了，忍不住就跑过去”，但我确实比较喜欢面对面交流。

从面对面交流中可以读到对方的表情、语调、举止等信息。而在与对方距离比较远，无法面对面交流的时候，碰到重要的事情，一定要打电话而不是发邮件，也是这个道理。打电话可以获得声音、停顿等信息，比邮件更有实感。

但这只是我个人的体会。我比较擅长直接交流，所以才会这么做。在这里我并不是想说面对面交流是最好的方式，因为每个人都是不一样的。有的领导比较擅长和成员们一起喝酒交流，还有的领导感觉发邮件比当面交流更能准确表达自己的意思。

当前，“发邮件不好”的观点虽然存在，但是对于深思熟虑型的人来说，邮件由于不用马上回复而深受他们欢迎，并且使用邮件的方式也可以传达话语的分量。对于反应迅速的人来说，他们擅长面对面交流，谈话进展迅速，但也常常会不经认真思考就做出回答。因此两者到底孰优孰劣并不能一概而论。

不管怎样，领导需要有意识地“磨炼自己的交流方式”，钻研“自己的特长”。作为一个领导，必须要与不同的团队成员对话，引导他们成长，有时则必须对成员严加管教。此时，良好的沟通交流模式就会成为有力的武器。

对于领导者来说，首先，需要明确自己擅长的交流方式；其次，最好了解成员们擅长的交流方式。

- “对他来说，比起发邮件，面对面交谈更有效果。”
- “不要一次跟他说10个要点，分10次跟他说会比较好。”

领导者要抱着实验般的心态了解、确认成员的交流方式。“用邮件进行交流是这样的反应，打电话斥责会怎么样呢？”“下次用这样的交流方式会不会好一些？”这感觉就像是在不断的尝试中积累经验。

这种方式不仅适用于交流方面。“怎样才能更好地发挥这个人的优势呢？”“这个人最多只能同时做3项工作，如果同时交给他4项工作，质量就会下降。”在不断确认的过程中，我们就可以发现成员的工作方式。

能够灵活地将成员擅长的交流方式组合起来是最理想的情况。我虽然不擅长邮件交流，但是我的很多成员都擅长使用邮件。在这种情况下，就可以使用组合的技能。

比方说，我将自己的想法面对面告诉成员，成员用长邮件进行回复，然后我再把自己的意见当面告诉他……诸如此类。

5

对团队中不对劲儿的情况，在“察觉”之前要进行询问

- “咦，好像哪里不对劲儿？”

即使不是关系特别亲近的朋友，也能察觉出身边人的不对劲儿。他在工作上错误百出，经常迟到，粗心忘事，总是假笑……成员一旦出现上述情况，领导即使提醒成员注意自己的错误，但还是不放心，总觉得背后另有隐情。

- “难道交给他的客户难度太大了？”
- “是不是对他批评得有点过火了？”

成员出现这种情况，领导就免不了会胡乱猜测，但是成员出现不对劲儿的理由可能有很多，有些是难以被察觉的，有的理由甚至是你想破脑袋都想不到的。

我不太擅长猜想这些，所以早早就放弃了猜测，而是选择直接进行询问。询问过后，发现很多问题都出在一些与工作无

关的事情上。

当我询问：“是不是因为不能认同这个方案，所以不能用心投入工作？”得到的回答却是：“其实是因为最近加班到很晚，惹得妻子不高兴了，家里现在气氛比较紧张。”不管怎么观察成员，还是无法得知类似的家庭私事。

当我感到有的成员“不喜欢团队的人际关系”，询问他时，得到的回答却是“我的座位被空调直吹，感觉特别冷”。我马上给他换了座位，解决了这个问题。当我问“出现这种问题为什么不早点跟我说”时，他答道：“仅仅因为空调的问题就发牢骚，我觉得不太好，虽然想换座位但又觉得说不出口，为此感到很苦恼。”

事实上，很多情形都属于外人不知道你为何苦恼的情况，别人不问，你又难以启齿。起因虽小，却像扎入手指的刺一样让人一直难受。因此，如果发现不太对劲儿的情况，应该直接询问对方。闭口不问却只想着“努力观察”，这几乎纯属白费工夫。

在询问成员的时候可能会涉及一些敏感问题，因而在会议场合突然问“你怎么最近无精打采的”是一大禁忌。应在一对一时，或者至少是走到那个人的座位处再开口询问。

另外，很多成员的家庭琐事是他们变得不对劲儿的原因。

人都是感情动物，“个人”部分会对“公家”部分产生很深的影响，我认为在理解这一点的基础上进行管理会更加简单、顺畅。

每个人都有不同的禁忌，比如有的人不能在周六日上班和加班；有的人需要不时休息一下，不能忍受工作时不能离开自己座位的公司氛围；有的人习惯在公司以外的地方工作，如果公司不允许将工作资料带出就会有压力。有些人是因为个人理念和工作方式而形成了这些禁忌，但也有人是出于身不由己的苦衷。

- “因为要照顾父母，所以希望在父母的情况稳定下来之前晚上班一个小时。”

虽然心里这么想，但是正赶上公司项目繁忙的时期，难以启齿，只能苦恼地想着“这样下去只好辞职了”。育儿虽然是比较容易看出来的“家里事”，但是如果本人不提出来的话外人也很难知道。

作为领导，如果闭口不问，就会猜测，“这个人开会又迟到了5分钟，是不是没有干劲儿？”但如果知道了原因，问题就可以轻松解决。只要将“这次团队会议延后一个小时开”，就能皆大欢喜。

我属于比较直率的领导，回想起来，很多问题的解决都是

“多亏当时问了”。每个人的禁忌和难以忍受的事情从某种意义上来说也是一种个人隐私。

受不了空调，受不了香水，受不了邻桌的资料侵占自己桌子……这些禁忌都是一些感性问题，如果不问就永远无从知晓。感性因素虽然给人感觉很随意，却会对工作造成很大影响，因此作为领导要了解成员的禁忌，向他们伸出援助之手。

6

区分杂谈和自由讨论

团队遇到问题很多时候都是由于缺乏沟通。即使物理距离很近，即使每天都在一起开会，还是会出现缺乏沟通的情况，这是个棘手的问题。

- “具体是缺少哪种沟通呢？”

领导应从这个角度出发，尝试分析沟通的成分。

从我的经验来看，遇到问题的原因大多是因为缺乏自由讨论。

以“A 项目的进展情况汇报会”的名义将成员聚集起来，各自汇报进展情况，“好，大家下周继续努力”，这样的流水会议不管开多少次也不算进行了真正的沟通。

成员们会开始想，“虽然每周都在开进展汇报会，但什么才是关键点呢？”类似这样的问题使人心情烦闷又得不到解决，而那些看起来像是自由讨论的杂谈，则净是在谈论些“最近，那家店的午餐变好吃了”这种无关紧要的轻松话题。

我每半年会和所有公司职员进行一次面谈，有些人会向我提出他们觉得“公司的这些地方存在问题”。

每当这时我就会问他们，“这个想法很不错，你们对你们的团队领导说过吗？”这时很多人会回答“我们没有开口的机会”。这些团队成员都坐在领导旁边，上下级关系也非常好，每天早上都会互相打招呼，即使这样依然“没有开口的机会”！这让我深切感受到在会议上要保持自由度是多么困难的一件事情，轻松的沟通和自由讨论虽然看上去非常相似，实则却相去甚远。

这就要求领导要特意制造用于自由讨论的时间和环境。想让自由讨论顺其自然地发生比较困难，因而推荐采取刻意营造的方式。

Oisix 的经营者采取的方式是每季度或者每半年开一次会议，会上大家各自提出自己的意见，讨论“目前对公司来说什么最重要”。下周的经营会议，则利用午饭时间，让大家对比较感兴趣的话题进行自由讨论，并将特别重要的意见作为议题保留下来，例如，“对于经营而言什么是真正重要的问题？”

有了这样一个自由发声场所，团队的沟通水准得到了明显的提高。

7

通过“处理难以逾越的困境”看清成员的本质

Oisix 宣传部的 O 先生，是个非常有“钝感”的人。

从气场和平时工作的样子来看，他绝对是个高人一等的优等生。实际上他在言谈举止、商务礼仪和媒体接待等方面都是滴水不漏，也就是所谓的“可靠型人才”。但是他能担任宣传工作却是另有原因的。

人都是具有多面性的复杂动物，通过观察 O 先生的工作流程，可以立刻看出他是一个“沟通能力强，优等生般的商务人士”，但是单凭这样的特质并不能令他胜任宣传工作。

做好宣传工作的必要技能是“沟通能力 + 厚脸皮”。应对媒体的人必须八面玲珑，想要让记者按照自己公司的意愿做出报道，就必须要具备让媒体觉得“有趣”的表现力。

同时，对于媒体而言，“今天就要完成对蔬菜大丰收场景的拍摄，还要对生产者进行采访”，因此时效性是非常重要的。宣传部出于宣传公司项目的目的，接受了采访要求，但公司内部却出现各种推脱抱怨。用尽办法说服公司内部，强行把其他部门都拉进来，才总算保证了采访的顺利进行，并得到了媒体的信赖，而这也体现了宣传部的能力。

媒体并不会一直是你的伙伴，万一出现问题，公司就会成为众矢之的，这时宣传部就要变成攻击的利器。一个人表面看起来随和亲切，实际上行事风格却是坚不可摧，对他人提出过分要求时也能够想尽办法让人答应，这种“厚脸皮”对工作也是不可或缺的。

厚脸皮、钝感，这也是一种工作技能。

换言之，“强大的精神”在日常的观察中是看不到的。要了解成员的本质，需要着眼于他们在遇到突发的不利状况时的言谈举止。

Oisix 某一年在网站上开展了销售圣诞蛋糕的活动，当时 O 先生是策划这次销售活动的甜品销售团队中的一员。

圣诞蛋糕与其他蛋糕不同，并不是“26 号半价销售”就能卖出去，而是必须在 25 号之前卖完。对于这种有销售时限的商品，为了不错过商机，当时的甜品销售团队受到了来自各方的压力。

“这样下去的话，会产生巨大的销售损失的。”Oisix 陷入了危机，圣诞蛋糕的销售负责人 O 先生变成了整个公司批判的对象。

- “这可是不小的损失呢，你打算怎么承担责任？”
- “怎么会变成这样！”

周围人同时都非常生气，相关人士也都非常担心，不断前来询问，但是 O 先生却是一副“哎呀，对不起大家了”的样子，完全没有垂头丧气。他看上去依旧是意气风发的优等生模样，对这个事情淡然处之，这让人觉得“这个人也太迟钝了吧”。即便被训斥责难，他依然是镇定地集中注意力做自己应该做的事情。正值那时宣传部的负责人因为人事调动正在寻找合适的继任者，看着这样的他，我灵光一闪决定让他负责宣传工作。

“此人的优势绝不在于他是个优等生，而是在于表面的滴水不漏和内心的坚不可摧，这两点才是他的真正长处。”之后，圣诞蛋糕的销量在大家的共同努力下后来者居上，在圣诞节之前完成了全部销售。

真正的优势，是有时连本人都不易察觉的能力。作为领导，没有比发现成员的真正优势更令人高兴的了。

当遇到各种问题，出现各种困境时，是观察成员本质的绝好机会。

很多人可能觉得，“要是遇到难以逾越的困境，领导也会很着急，哪有心思观察成员？”实际上，在这种情况下，领导即使跟着着急也不会有什么好结果。

将困境当作观察的好机会，反而可以让领导保持冷静，达到一石二鸟的效果。

8

“翻译”成员的自我评价

成员有了一定的经验之后就能够进行自我评价。尤其是二三十岁左右的一代，从找工作填写履历表开始，便在不断地进行确定“自身实力、技能”方面的训练，因而他们往往能够做出比较精确的自我评价，以至于我经常会感叹，“大家都对自己非常了解啊！”

不过，对于领导来说，还需要在评价成员时多加一个步骤，那就是在接受成员自我评价的基础上进行翻译——“换言之这个是不是也可以这么理解呢？”

Oisix 在进行社会招聘面试时，有一位女性的发言与众不同，让人印象深刻。

“我不擅长挑战新事物，所以绝对不会去做。”明明是来面试需要不断挑战新事物的风投企业，却说出这种话，有些让人摸不着头脑。但从她的对答和履历上可以看出她是个优秀的人才。

她认为“自己的价值在于对于交代给她的工作，能够负责地对待”。我本来觉得她不太适合 Oisix 这个团队，但最后还是把她留了下来，原因有三：

第一，在明确要求具备挑战精神的面试中敢于承认“自己不擅长挑战新事物”，这意味着她是一个诚实的人，这是非常可贵的素质。

第二，对领导而言，自我评价“不擅长挑战的人”是比较令人省心的类型，因为但凡觉得有一丁点儿“不确定”，他们就不会说“自己能做到”。嘴上说得天花乱坠，接受任务之后又说做不到，从而惹出大乱子——这样的事情是绝对不会发生在这种人身上的。总而言之，自我评价“没有挑战精神”这一点也可以被翻译为“不开空头支票”。

第三，“对于交代给她的工作，能够负责地对待”，这是责任感很强的人。虽然据此可以判断此人“缺乏主体性，被动等待指示”，但也可以把这一点翻译为她对“公司交代的事情能够认真负责地完成”。

她进入公司后，充分发挥自己的优势，超乎想象地为 Oisix 的成长做出了巨大贡献。如今，她已经成为一个管理 20 名员工的经理，关于她的故事，我们会在第 5 章详细提到。

有些领导因为太想看清楚成员们的内在本质，所以疑心很重。比如说，有团队成员认为自己“总是非常积极，能够很快和他人搞好人际关系”，对于这种积极的自我评价，领导却容易从反面进行解读，经常将其翻译成：“咦，不会实际上就是自我感觉良好而已吧？”

我个人认为，对消极的自我评价比积极的自我评价更需要从反面进行解读。如果把消极的自我评价往好的方向解读，说不定可以发现成员的新才能，从而加深对成员的理解。

第2章 “传达”的秘诀——把你的话传达到成员的内心

0

领导是通过说话成为领导的

语言是表达构想和目标蓝图的重要途径。

做了团队领导，也许自己的发言不能一下子就表现出领导风范，但是自己不中用也好，不习惯也罢，总是要发言的，因为领导只有通过发言，才能表现出领导风范。在上文我们说道，积极接收成员的信息，从而了解成员，这是非常重要的。在这一章我将会与大家分享“告知”技能，也就是领导用自己的语言传递未来蓝图的“传达”秘诀。

在这一点上，我担任理事的非营利法人组织“TABLE FOR TWO”的理事长小暮真久先生与我所见略同。

客户每购买一份指定的健康套餐和食品，“TABLE FOR TWO”就会将其中的20日元捐献给发展中国家的儿童作为学校伙食费。Oisix也参与了这项活动。该机构最初只有3名创业者，小暮先生当时担任事务局长，是个“光杆司令”。

随着组织结构发生变化，我和其他创业者决定让小暮先生担任团队领导，专门应对媒体。之前一直是组员的他一下子成了领导，经常会面临不得不面向团队成员发言的情况。

我和小暮先生以前在麦肯锡是同事，曾在一个团队里共事。那时小暮先生主要从事对接团队成员和客户的幕后工作，并不擅长积极引导他人。但是，小暮先生成为领导后，经常向自己的团队成员阐述“TABLE FOR TWO”的理念和使命，在这个过程中，他渐渐掌握了领导能力，并远远超出了我们的预期，成为带领“TABLE FOR TWO”走向世界的领军人物。

从这个事例我们可以看出，领导的成长与他用语言阐述团队的构想、目标、框架、工作内容等是密不可分的。

作为一个团队领导，应尽量经过深思熟虑才发言，因为这样做不仅能够阐明自己的意思，还可以把回答团队成员提出的问题变成不错的训练机会。有时，团队成员的问题可能让你失望——“哎，怎么会问这种问题？”但即便感到失望，也要把回答这些问题当作磨炼自己发言方式的机会。

Oisix 十分重视领导的语言培训。

当我认为某个员工有成为领导的潜力时，为了让他接受学生式的“单纯问题”试练，即使他下面人手充裕，我也会安排一个实习生做他的下属。

- “为什么要这么做？”
- “这样做谁会比较高兴？”
- “有什么好处吗？”

实习生往往会一脸单纯地问出这些尖锐的问题，而在回答这些问题的过程中，领导的说话方式可以得到锻炼。当领导把自己正在做的事情讲述给别人的时候，往往会分析并思考这些问题——“自己作为一个领导真正想做的是什么？”“自己真正放心不下的是什么？”

你的团队如果有领导候选人，那么让他来指导后辈的工作是个不错的选择。

1

越是新上任的领导，越应该重视“预言”

• “作为领导，一定要带领团队做出成果！”

大多数人在刚成为团队领导，或者在刚成立团队时，面对新的挑战往往会责任感爆棚，激情洋溢。

而每当开始新的工作时，我也总是没来由地兴奋，觉得“开头总是妙趣横生”。每当挑战新鲜事物时，不管能不能成功，我都觉得这是一次从无到有的开始，对自己来说是一次新的体验，“苦中有乐”。

但是，领导和成员的意见不一定总能同步。领导情绪高涨，成员却不一定那么想，他们之间会存在“情绪上的差距”。这时，首先要做的就是让成员的情绪高涨起来。

我的做法是，做一个预言家。

我会自信满满地告诉成员：“如果我们的团队这样做的话，

顾客就会这样，然后就能树立良好的口碑，最终实现 Oisix 想要通过食物改变社会的使命。”但如果只是夸夸其谈，就可能会被认为是不负责任的人。

领导要表现得能够像预言家一样预知未来，关键在于寻找能够轻易实现的预言，并为实现预言进行事先准备。

首先，要努力寻找能够使自己的预言成为现实的要素。即便找到了“一定可以实现”的预言，依然有不能实现的风险，因此，一定要多找几个能够确保预言成功的要素。

在开始阶段，比起预言的重要程度，命中率更重要一些，所以要尽量找一些命中率较高的预言。

- “这个商品虽然不知道销量如何，但一定会获得许多用户好评。”

几天后再与大家分享成功的体验，“我把样品送给朋友后，他们都赞不绝口，这么快就得到客户的赞赏，这个项目一定能行。”

虽然成员们不会单纯就此认为“太厉害了！我们头儿真是预言家”，但这却能给大家留下正面的印象。

- “虽说试用者只是头儿的朋友，但是确实有人称赞。再扩大一下用户范围的话，说不定真的能成为深受大家喜爱的项目。”

成员们如果都能这么想的话，那就意味着获得巨大的成功了。

对于“刚刚成为领导而不知所措”的新任领导来说，需要特别注意不要把自己惴惴不安的情绪传染给成员。

在不断积累“小小的成功体验”之后，领导就可以像预言家一般坦坦荡荡地讲话了。长此以往，成员们渐渐地就会认为“这个人说的话都是真的”，相信“这条道路应该是可以的”，并自愿追随。

2

把想说的话翻译为成员“想听的话”

发挥领导能力的支柱在于构想蓝图。

Oisix 的企业理念是“让更多的人体验丰富多彩的饮食生活”。

领导应该满怀热情地向成员们传达企业构想——“对，我们要通过饮食使社会变得更加美好”，让每个人都感受到使命感，培养他们的主人公意识，推动他们充满激情地投入工作。

话虽如此，构想蓝图毕竟是空洞的，要想实现构想，就需要设定相对现实的目标。领导需要明确告诉大家，“对团队而言，何为胜利？”

如果单纯认为“商业的成功应该用销量来定义，这季度的销售目标定为 5 亿日元”，我想很明显没有人会为此而燃起激情。

没有成员会跟随一个相信“只要能把商品卖出去就行了，

数字就是一切”的领导，也没有人会为了这样的目标而“拼尽全力”。领导需要让成员理解目标的魅力和价值所在，需要让成员共享目标与其他方面的关联性。为此，领导需要通过自己的语言和行动切实地打动成员。

其中最重要的是，领导并不仅仅是将自己想要表达的话说出来，而是需要将这些话翻译为成员们“想听的话”。领导如果能意识到这一点，就能让成员更好地理解并接受自己的讲话。

同一目标也可以有多种表现方式，例如：

- “以‘冬日蔬菜套餐’下单量达到 5 万套为目标！”
- “今天的议题是制订中期经营计划。”
- “这个冬天，让我们一起让 5 万个家庭露出笑容吧！”
- “让我们把今天的会议变成 10 年后回想起来能成为公司转折点的‘历史性会议’吧！”

设定目标的方式多种多样，如果能够让成员们认同并感受到目标的魅力，之后只要他们各尽其能，通力合作，团队就会实现飞速发展。

3

运用简单易懂的“类推”

当成员失去了具体目标，此时重要的是如何简单易懂地将目标告知他们。对于思维混乱、目标迷茫的人来说，复杂的说明于事无补。对他们最好尽量使用通俗易懂的方式，描述也要生动形象。

这时，“类推”就显得非常有效。通过描述通俗易懂的事例，对成员可以起到以下两个作用：

a. 确认目标，真正理解应该做的事情。

b. 能够客观看待自己的工作。

对于类推，重要的不是对当下所面临的情景做出准确的类比，而是要让成员产生若有若无的“恍然大悟之感”。因此，将对自己来说记忆深刻的逸事作为数据记忆或者记录下来是非常重要的。

我积攒了一些事例，它们会让团队成员感到：“在团队中取得胜利的人，都是这样努力过来的。我也要付出同样的努力才行。”向成员宣传这些众人皆知的事例，能帮我更好地把握现状，考虑对策。

比如说，在提到卓越创新精神的必要性时，优衣库的“发热技术”就是个简单易懂的例子。休闲服饰制造商通常考虑的都是如何用现有的布料纤维做出产品，然而优衣库却与东丽集团（TORAY）合作，致力于开发至今无人发明的“会发热”纤维。

星巴克的“星冰乐”曾经是一个从管理者到员工都认为“绝对卖不出去”的产品，却在放手一搏之后获得空前大卖。如果想向成员表达“不要因为在经营会议上被一次或者两次否定就放弃提出新产品和服务”，就可以使用这个例子。

类推不仅限于逸事，历史故事同样有效。有的成员明明冷静下来就可以做出成绩，却总是由于把握不好情绪而陷入焦灼状态。对于这种成员，可以对他们说：“这样下去可就成了今川义元了。”

众所周知，在桶狭间合战中，今川义元在遭遇织田信长的奇袭后措手不及、焦灼不已，最后以三万兵力输给了只有两千兵力的织田信长。

用今川义元做类比，比起苦口婆心地劝说“这种情况下即使着急也没有用”要形象得多，成员也会因此更容易客观地看待自己，项目也才能得以顺利地完成。把消极事例当作反面教材也是可行的。由于企业丑闻和应对不周而导致问题加剧恶化，这种事情“前辈”见得多了。通过引入“那时，那个公司怎样”等事例，领导可以把想要表达的意思更好地传达给成员。

4

领导不能“叫苦”

- “下属完全不能理解我的辛苦。”
- “大家总觉得领导颐指气使地支使别人干这干那，但实际上最不容易的就是领导……”

团队领导们聚在一起聊天时，总是会这样抱怨。

领导从成为领导的那一刻起，就要做好“自己理解成员的一切，但不要指望成员能理解自己”的思想准备。

领导和成员之间在大多数情况下，并不是“想要理解对方”，而是“希望对方能够理解自己”的关系。成员希望得到领导的理解，领导也希望成员理解自己。“这种希望对方理解”的心情，与处在恋人关系或朋友关系中的人是一样的。

在公司中，一般情况是下属更“希望领导可以理解自己”。下属希望领导能够认同自己的表现，看到自己的努力，对自己做出公正评价，并认为这是很理所应当的。

而领导与下属相比，则更了解整个公司的情况。一般来说，领导就像是从看台上俯瞰操场上的选手们的教练一样，理所当然地处于更容易了解别人的位置上。

领导要满足成员们“被理解”的愿望，就必须与成员们交流。

“沉默不语，通过行动在背后默默支持。”这种做法虽说是一种美德，但我并不支持。沟通不足很容易让成员胡思乱想。成员们会疑神疑鬼——“领导不怎么跟我说话呀，难道是不喜欢我，觉得我没有能力？”无论结果好坏，领导都一言不发，这时候成员大多会认为“领导觉得我可能已经无药可救了”，而不会觉得“啊，领导真的特别理解我，非常欣赏我”。

领导不应该努力让成员理解自己的辛苦，而是要理解成员的努力。同时，要努力让成员知道你看到了他的努力。

领导的工作重点不在于让成员理解自己，而在于下功夫了解成员，让成员知道领导的辛苦是毫无意义的。

无论向成员诉苦自己有多么不容易，在成员们看来，“我们才更不容易呢！”

- “这么辛苦难道不是因为他本身能力不够吗？跟着这样一个人真的没问题吗？”

- “领导这么辛苦的话，这个团队是不是快要不行了？”

这样一来，领导向成员抱怨反而会带来负面影响。

团队只有齐心协力才能取得胜利，但并不是所有事情都需要全员共享，这是我从创业初期最艰难的一段时间学到的。

1999 年是 Oisix 的事业构想形成期，那时被称为互联网泡沫最繁盛的时期，只要拿出事业计划书，就有不少风投企业表现出投资的兴趣。

但是，到了 2000 年 3 月公司即将成立之际，互联网泡沫破灭。3 个月后，网站遭遇了成立以来最恶劣的时期。作为“食品”行业的新手，所有的一切都要从头探索，原本擅长的互联网销售也遭遇了整个行业不景气带来的影响。在泡沫时期学到的制订计划、召集人员的方法，在泡沫破灭后全部失灵，由于筹集不到资金，网站差点破产。没有捷径，只能努力，大家分头去拜托各大网站宣传我们的网址，拜托女性杂志刊登对我们的报道，尽管如此，销量还是不见起色。

原本准备的周转资金马上就要见底，在必须要投资的时候，却找不到一个投资者。

- “互联网销售就快不行了，我们是不会出钱的。”

每当被冷漠拒绝后，我都会告诉员工，“今天还是不行，有的公司都约好了，但又不肯见面了。”

或许，当时我觉得自己的痛苦就是团队的痛苦。但是由于我的抱怨，成员受到了更严重的打击，他们最终有的生病，有的精神失落，有的无法好好工作。

这时，我才深深地领悟到，“并不是所有事情都需要与成员共享。对于一些可能影响成员们表现的负面消息，领导只要一个人知道就好了。”

作为一个领导，必须要有这样的觉悟，那就是无论处境多么艰难，都不要将那些对团队不利的事情全盘告诉成员。

换言之，对领导而言，对“无需告知”的判断力，以及能承担一切的强大内心，都是“告知力”的必要因素。

5

能引发“究竟为什么这样做”相关思考的两个问题

大多数项目都不是短距离的赛跑而是马拉松，更确切地说是长距离障碍赛跑。

无论什么团队，在刚刚成立时都是充满激情，即便是老团队，在接受新项目时也会非常兴奋。领导在传达了构想、理念，制定了明确的目标之后，便认为只需要放心地盯着就可以了。

然而当初的目标不管多么明确，也会随着时间的流逝渐渐变得模糊。

眼下有必须要处理的事情就先去处理，结果处理完之后又发生了需要紧急处理的事情。好不容易处理完紧急事情之后，又出现了其他必须要做的事情。

这样日复一日地处理“眼前事项”，团队成员的眼光就会变得短浅，整个团队就会变成为了解决困难而工作，而不是为了“团队胜利”的目标而工作。

当然，我们不能否认，每个人都在为跨越障碍达到目标而努力工作，但问题在于，我们往往在跨越障碍的过程中迷失了初衷。

将立刻解决眼前的问题目标化是常见的例子，这样做的团队往往会陷入迷途，有时甚至会出现浪费了大量时间，却依然停滞不前的糟糕状况。

对于容易迷失目标的成员，领导需要经常向他们提醒团队的目标。

- “究竟为什么要从事这项工作？”
- “做这项工作的目标是什么？”

我在向成员提出这两个问题的同时，也希望他们对“继续处理目前的问题的话，能够真正达到目标吗”这个问题进行重新思考。

6

通过“发言笔记”培养成员对自己的信任

Oisix 的每名员工都有一本写满了笔记的活页本。从公司成立第三年起，我每半年会与公司员工进行一次个人面谈，并在面谈时记录下对这个人的感受以及当时的交流情况。那时的员工数为 20~30 人，单靠记忆力我无法事无巨细地记下员工所有的事情。等到员工数达到 150 人左右，基本上就是记忆的极限了。如今我虽然不可能记录所有员工的情况，但与公司领导层交谈时基本都会记笔记。

这并不是一项困难的工作，只不过要花些时间和精力，也可能会占用休息时间。坚持长期记录是一件需要毅力的事，但是我可以肯定地说，付出总会有回报，做与不做区别甚远。

记录供应商、客户和下属的情况，并不稀奇。我用心的地方在于，会在记录他们言行的同时，记录下自己当时说的话。下面我展示一下进行每半年一次的面谈时，我记录、使用的纪要，供大家参考。

a. 第一次面谈，记录交谈内容。不仅包括对方谈及的内容，也包括自己所说的内容以及对面谈者提出的要求。

b. 面谈结束后，总结通过问答环节所体现出来的面谈者的性格、优点、问题。

c. 半年后进行第二次面谈之前，回顾第一次纪要，同时事先准备并起草这次面谈想要询问的问题和想要传达的想法。对于上次对面谈者提出的要求，与面谈者的上司和人事负责人交流或者通过数据进行确认。如果在这半年中发现了问题，也可以记录下来以便“在面谈时交流”。另外，还需要确认上次他 / 她提出的要求和希望是否已得到满足。

d. 第二次面谈时，询问面谈者对上次提出的要求目前执行得如何，并告知自己的看法。在满足面谈者要求的情况下，确认对方是否满意；在没能够满足面谈者要求时，需要坦诚说明理由。

e. 记录进展情况、对方的谈话内容、自己的发言、对面谈者提出的新要求等一系列内容。

f. 面谈结束后，总结面谈者成长与否，以及随之而来的问题。

我通常一边谈话一边记录，对于在谈话过程中无法完全记录的部分会在结束过后花时间完成。

为什么要特意记录自己说过的话呢？原因在于保持自己谈话内容的连贯性。人（尤其是我）有时会在意气之下说出一些话。在回看记录时，我经常会因为忘记了自己说过的话而大吃一惊。

“半年前，我对他指出了这样的问题，所以才会有这样的对话，最后向他提出了这样的要求。”如果跳过了上面的回顾记录环节，就可能会出现下面这种前后不一的情况——第一次面谈时提出“要注意细节”的要求，到了第二次面谈时却要求对方“要有全局意识，不拘小节”。实际情况可能是面谈者在两方面都有不足之处，只不过在当时管理者只注意到了其中的一点；或者随着成员的成长，这次的问题相较半年前的问题发生了改变。

无论是哪种情况，如果不以明确上次谈话内容为前提，都会让成员陷入混乱之中，进而失去对领导的信任。一旦让成员觉得“原来领导就是随口一说”，那么之后不管领导多么认真地提出建议，成员都不会当真。

还有一种领导常常会犯的错误就是对成员提出要求之后就觉得万事大吉，放任不管。但如果能够认真地翻看之前的笔记，结合成员目前的表现，就会发现他“确实针对我上次提出的问题做出了努力”。

“半年之前，我曾经指出你工作的时候总是容易半途而废，这次进步很大，下一步以这个为目标吧！”——如果下次面谈的时候能够说出这样的话，不仅会让成员觉得“领导还记得上次跟我谈话的内容”，而且会让成员对领导产生信任，他们会觉得“原来这半年领导一直在关注我的工作”。

领导与成员是一对一的关系。即使只管理 100 名员工，如果采取 1 对 100 的交流方式，也必然会遭遇滑铁卢式的失败。管理 100 名员工，需要 100 次一对一的交流。对于领导来说，这也许只是百分之一的谈话，但对于成员来说却是独一无二的交流。

通过记录还可以发掘成员潜在的才能，从而对其进行意想不到的配置，最终帮其走向成功。

虽然要完成对一个人的记录需要花费不少时间，但是这项付出如果能够影响成员半年的工作表现的话，性价比非常高。

7

通过让员工“切身感受”来传达企业理念

语言是重要的传达途径，但并不是唯一且完美的途径。

对领导来说，有效的传达方式为数不少，其中最重要的、起效最快的要数让成员感同身受。

多数经营者认为“将企业理念不厌其烦地重复成百上千遍，这非常重要”，对此我也深有同感。但是我非常容易厌倦，说实话，我并不擅长不断重复同一件事情。

在 Oisix 刚成立之时，我就有过“要让成员们真正理解我们的蓝图构想真不容易”这方面的烦恼。

对于毫无前车之鉴的“食品电商”行业，要将某种理念变成每个员工的“主人翁意识”并不是件容易的事情。毕竟当时我自己也只是个 26 岁的单身青年，饭都没做过，连蔬菜怎么种出来的都摸不着头脑，更不用谈对有机蔬菜有什么执念。

因此，在公司成立初期，我挨家挨户地拜访农户，耐心听他们讲解，满身是泥地帮忙收割，这才第一次深刻体会到了 Oisix 的理念。

正所谓“纸上得来终觉浅，绝知此事要躬行”。此外，我还以调查研究为目的，拜访了几十家有小孩儿的家庭，对 30 岁左右的主妇进行咨询，进一步切身感受到还有很多人对食品安全和购买不便利疑虑重重，更深切认识到了 Oisix 理念的重要性。

所以对于企业的蓝图，仅仅通过语言表达是不够的。以我自身经历为例，在创建团队时，除了要通过语言表达企业理念，更重要的是为员工创造许多能够“切身感受理念”的机会。

其一，就是让员工切身体会“制作”场景。

例如，为了让员工们体验 Oisix 品牌的魅力，Oisix 会举行“品牌体验会”，活动时会租赁几辆大巴带员工前往“产地”。

前往农田种地，乘坐渔船打鱼，去工厂帮忙加工……员工们身体力行地参与各种体验。虽说是体验，但并不是像体验旅行一样只让员工们帮忙收割，而是让他们像真正的农民一样长时间地干除草、收塑料大棚等普通的农活。Oisix 每年会举行 4 次这样的活动，以保证全员都有机会参加。

其二，就是让员工切身体会“使用”场景。

Oisix 的全员大会，会邀请客户前来参加，并设有客户讨论环节。有时，老员工会带新员工直接拜访客户，从客户那里征求“Oisix 在哪方面有待改善”等各种建议。

通过让员工与生产者及客户进行接触，可以让每个员工都能自然而然地感受到公司的构想，比起语言，这能更好地推进双方理念的共通，更好地激发员工们的热情。

- “想要为客户提供更多这样的服务。”
- “想要将生产者的想法更好地传递给客户。”
- “想要解决客户在这方面的困扰。”

这样，每个员工在自己心里都会孕育出公司的蓝图和主人翁精神。

纵然百思不解，也可以切身体会。亲身感受能够深深地印刻在身体中，人们即使遇到挫折也能唤醒身体的记忆，将其化为前进的动力。

当我快要放弃的时候，只要想起千叶县农民田中先生的夫人对我说过“请让更多人吃到承载着我丈夫经历的蔬菜”，我的斗志就又被重新点燃了。让员工接触客户和供货商，切身感受企业理念，比听领导者口头上提倡企业理念，能够更好地提升员工们的工作热情，这也不失为一种良好的外包培训方式。

领导者在竭尽全力倡导企业理念的同时，组织员工们到现场亲身体验，是非常有效的激励方式。

8

会议室的座位排序也可以改变团队

除了构想、理念这些具体的目标之外，领导者还必须向团队成员展示一种“激动人心”的氛围。

对团队领导来说，他们有责任营造使成员们都想“做出点成绩”的团队氛围，让成员们热血沸腾——“为了取得成功，让我们拼尽全力吧！”

要努力让每个成员由衷感叹“能够加入这个团队太好了”，并体会到自己的工作意义非凡。

有的领导者豪言壮语，有的领导者慷慨激昂，他们激励员工的方式各有不同。然而，让每个人都燃起激情并不是一件简单的事情，这也是《领导讲话术》这类书会畅销的原因。

现实中，并非每位团队领导都擅长讲话，拥有用语言打动成员的能力。

我采取的方式是通过“形式”展现激动人心的氛围。

形式之一是注意房间的大小和座位排序。

我对会议室桌子间的距离很挑剔，每次都会不停地调整桌子间的距离，移动桌子进行重新排列。我认为无论是开展新项目还是召开例行会议，座位的“形式”都是营造氛围的关键所在。

例如，在一个能容纳 30 人的大会议室里，稀稀疏疏地坐了 5 个人，这怎么能营造出“5 个人齐心协力共同攻克一个项目”的团队氛围？

另外，如果领导总是坐在中间背向白板，成员分别坐在两边，就容易形成“领导对成员”的局面。这种座位排序法适合训话，但并不适合营造激动人心的氛围。

只有注意房间的大小、座位排序这些小细节，才能用“形式演绎”的方式，营造激动人心的氛围。

- “大家离得太远了，稍微靠近一点儿吧。”

通过这样的方式，特意让大家聚集到会议室的一角。在这种氛围下谈论项目，能让大家感觉仿佛回到了学生时代，与同伴们挤在一间狭小的活动室里，能够让彼此更好地融为一体。

此外，还有以下方式：

- 准备点心和水果，营造轻松的氛围。
- 团队达成目标时，在桌子下面藏好装有祝贺语的氢气球，当成员进入会议室时，让气球升空，制造惊喜。
- 让成员们坐在同一侧，营造由他们“共同解决问题”的感觉。

更换座位，改变场地，变更讨论规则……这些形式上的东西看上去任何人都能做到，不少人也许会觉得“单凭这些能改变什么”，然而正因为这些是谁都能做到的“微不足道”的小事，所以实践起来也非常简单、低风险。既然这样的话，试一下又有何妨呢?

在召集 Oisix 经营成员参与制订未来计划的会议时，会议开始之前，全员需要签订一份承诺书。承诺书包括以下两点：

a. 积极发言，认真听取别人的意见。

b. 会议上明确决定的事项即使与自己的意见存在分歧，也要全力以赴支持。

每个人都需要在承诺书上签上名字和日期。这种做法完全是从形式入手的“仪式”，虽然形式非常简单，但人们的讨论却比以往更激烈了，会议最终产生了一系列决定 Oisix 命运的重要决策。

此外，在团队氛围低靡，员工工作懒惰，负能量充满公司时，“形式”也非常重要。面对这种情况，我通常会召开“紧张会议”。

为了营造“形式”，我会把会议室的座位设置为领导面对成员的对立形式。为了书写白板方便，有时我甚至一直站着讲话。

对于“紧张会议”，违和感是不可或缺的。为了让成员感觉到违和感，我可能会大发脾气。如果实在觉得成员们太散漫了，我就会在沉默无声中结束会议。之所以选择沉默，是因为无论怎么发火说“你必须要这么做，你应该这么做”，也只不过是一种建议（也可以说是对成员的一种妥协）。

因此，当你觉得你的团队“能够做得更好”的时候，应该采取沉默离去这种更加严苛的方式。你只需要告诉成员“两天之后我再找你们谈话”，感受到违和感的成员们就会在这两天拼命工作。

作为领导，不仅要在会议中制定方针政策，指明前进方向，更重要的是考虑如何在会议中营造能够让成员们热血沸腾或是充满紧迫感的氛围，这也是体现领导能力的关键所在。

9

创造“称呼”文化

不管是对从社会招聘的员工还是从校园招聘的员工，在他们进入公司一个月之后，我例行会跟他们一起吃顿午餐。在吃饭时，我一定会问这个问题：“你有昵称了吗？他们平时都叫你什么？”

如果员工答道，“他们都叫我伊藤”（普通称呼方式），我当场就会给他们部长发短信，“赶紧给伊藤起个昵称！”

有时候，我也会当场直接给员工起个昵称（不过我起的昵称好像不怎么受欢迎）。即使是实习生，只要是团队的新面孔，我都会尽快让大家决定怎么称呼他比较合适。

称呼，决定了成员在团队中的舒适度。

对于还没有适应社会的新进成员，如果突然叫他“高桥先生”，可能会让他有些茫然。但如果像他以前的同伴那样叫他“正吾”的话，便可以营造一种欢迎他加入的氛围，这能够让他更好地融入团队中。

员工们到现在还是会叫我"宏平"，在 Oisix 很少有人用"部长""科长"等职位称呼。只有一个人被大家称为"经理"，这并不是因为他的职位是"经理"，而是因为"经理"是他的昵称。有的人虽然身居高位，但是由于一直以来大家都叫他"小山"，以至于后来的年轻员工们也都叫他"小山"。

我之所以特别在意称呼，是因为称呼不仅影响着团队的氛围，甚至决定了团队的文化。我为新人们起昵称，实际上是为了传递 Oisix 的团队文化。

"称呼决定文化"，这是我在麦肯锡工作时学到的。

在麦肯锡，无论人们的年龄和职位有什么不同，所有人都被尊称为"先生"，这就传递了一种"每个人都是独立的专业人士"的信号。刚进入公司时，不论是上司还是合伙人（董事）都会问我"高岛先生你有什么看法"，长此以往，我就会感受到"必须要成为一个专业咨询师"的紧迫感。

当时，在我去拜访客户时，发现大多数公司都是用职位作为称呼，从称呼上便可以明显看出这些公司的上下关系和金字塔等级模式。在领导开口说话之前其他人都不能发表意见，这一点完全体现了"称呼决定团队文化"。

Oisix经常会开展新项目，大多数开发团队都是由各部门成员东拼西凑而成。我让成员们用名字和昵称互相称呼，是想让大家能够不在意公私关系，畅所欲言。建议领导者们能够认真思考适合各自团队的称呼方式。

在经过深思熟虑之后，有的团队可能觉得还是“用职位称呼最为合适”，有的团队可能采取相对简单的大家都用尊称的方式，还有的团队女性成员居多，那么只用名字称呼的方式也许会独具风格。

虽然我们可能无法强迫团队中的所有人都接受同一种称呼方式，但是仅仅一个小小的称呼，不仅能够树立团队的文化，还能在短时间内缩近成员之间的距离，何乐而不为呢？

第3章 “配置”的秘诀——探求对现有成员的“适材适所”

0

将“东拼西凑”的团队打造成最强军

- “所谓领导，压根儿就没有人事权。团队成员及分工都是由上级部门和领导拍板儿，我也只不过是被指派过来担任这个已经定型的团队领导而已。”

也许大部分读者都有过以上类似的经历。换句话说，就好比别人给自己发了一手扑克牌，自己只能靠这手牌来决定胜负一般。

- “来，今天起你就是这个团队的领导了。”

听到这句话，再看看分到手上的“扑克牌”：有不好伺候的“老资历”员工，有只求按时下班的小职员，也有随波逐流的应声虫……这些东拼西凑来的成员已经让人一筹莫展，还要调动他们的积极性去追求成功，这难道不是痴人说梦吗？——我想，受这些问题困扰的应该大有人在。

先说结论，即使是东拼西凑的队伍，也有打胜仗的可能。

不论哪个团队，最初都是靠“东拼西凑”组建起来的，如何调用拼凑而来或者说是硬塞进来的团队成员，全凭领导的手段。而一旦掌握了将拼凑的团队打造成常胜之师的方法和策略，并按此执行，结果就会大不一样。

世上本就没有天生的全能选手，况且，团队的成功也并不需要全部成员都得是优秀的全能选手。

- “各个成员千差万别，该如何调配各个成员的长处，打造优秀团队，获取事业成功呢？”

领导不仅要深思熟虑人员的配置组合，还要统筹规划，并付诸实践，方可将东拼西凑的队伍打造成一支胜利之师。而团队建设之精髓，恰在于此。

在成员选配上取长补短的重要性，在人事调动、酝酿新部署或责任分担时尤为明显。

例如，大家试着思考以下场景：

- “原本是 5 人的队伍，A 君被调走了，后任听说是非常优秀的 B 君。”

如果你是这个团队的领导，也许会大松一口气，之后将这名新成员“补充”到空缺位置上。

但是，如果被调走的A君是擅长支持性工作的实干型员工，而B君却拥有公司内首屈一指的制作PPT能力的话，该怎么办呢?

一个成员的变动会一下子改变团队的相对强项，因此当新成员加入时，不能仅仅把旧成员的工作简单转交给他，而是需要重新整合全体5个团队成员的工作内容和职责分担。

作为领导者的你，最好以一切从零开始的心态来重组团队。

作为团队领导，要通过调动全体成员的长项，来提升团队的整体表现。这话听起来好像很难，但尝试去做的话，无异于一场令人愉悦的头脑风暴。当各个成员各得其所、各司其职时，领导在收获成就感之外，也是在引领团队走向成功。

整合团队迈向成功之初，究竟应该如何做?本章试图去发现一些团队成功的秘诀。

1

无视成员是否投缘

“如何配置现有的团队成员？”这一点在团队调整时十分重要。

大到部门调动调整，小到“让他负责哪家客户”“新的项目选派谁和谁负责”等这些日常课题都是团队建设的内容之一。即使是对统一管理临时销售员的团队小头目来说，安排哪些人在什么时间去哪家卖场，也属于团队建设的内容。

也许有人会觉得这样很难，令人头痛，但这实则是一项愉快的工作。

棒球、足球、排球等团体运动有国际赛事时，全国观众都会围坐在电视机前，俨然成为现场的领队。

- “这场比赛派某某选手上场就好了。”
- “不不，从我的经验来看应该选用某某选手。”

这不由让人感觉，量才而用难道不是人基本的乐趣吗？！

然而，很多领导在团队组建上的烦恼在于他老是介意成员之间的关系问题。特别是刚刚上任的领导，也会经常担心，“也许不要把互不投缘的成员搭配在一起比较好。”

此外，从成员的角度来讲，他们也会产生这样的抱怨和不满：“我和 A 君的想法完全不同，和他搭档简直难于上青天。”

对此，我的应对方法是“无视成员之间是否投缘”。

在我看来，只要是人，自然就会有投缘和不投缘之分，而我希望大家能抛开这一点，为了共同的胜利目标而全力拼搏。

话说回来，当人介意和同事是否投缘，或是抱怨同事的态度过于恶劣，这就意味着他在那一刻并没有全身心地投入到工作中去。

如果缺乏目标，公司就会死气沉沉，缺少争强好胜的紧张感。这时，员工意识不到工作目标，闲下来便开始留意公司内部鸡毛蒜皮的小事，并对别人产生成见。

相反，当人有明确的奋斗目标，并忘我拼搏时，是完全没有闲情逸致去计较周围人是否投缘的。

例如，足球运动员抱着必胜的信念驰骋绿茵时，可不会有“这家伙会传球给我吗……平时他有点讨厌，还总是易怒”的偏见。即使赛前有过什么不快，一旦站到统一战线就会将此抛诸脑后。只要团队成员能够为了胜利而各自拼尽全力，彼此之间是否投缘并不重要。

领导明确目标，下属全力以赴，就不必在乎团队成员彼此是否投缘的问题了。

此外，所谓投缘，看起来是种根深蒂固的观念，但其实大多都是由一些微不足道的印象所决定的粗浅的主观意识。

有人会说“那个人可不好对付”，可一旦领导尝试让这两个人合作新项目，3 个月后，两人居然变得非常投缘，连下班后都要相约一起喝酒，这样的例子屡见不鲜。

从这点来看，在初期人员配置阶段，实在无需过分在意成员之间是否投缘。

2

以“能力匹配度”而非个人意愿来决定分工

尽管可以无视投缘问题，但还是要深入考虑每个成员的适应性问题。我组建团队时十分注意这一点。人们常说适材适所，指的就是在团队组建、人员选配时，要最大程度地调动每一个团队成员的积极性。

在考虑成员的适用性问题时，我会重点观察以下两点：

- 作为商务人士所拥有的技能、优势。
- 作为社会性的人所拥有的思考方式、性格。

只要把这两点作为团队成员的“标准规格”来把握，就不难得出正确的结论。而且，将下属安排在合适的场所和位置，最大程度地调动他们的工作积极性，不仅能够促进下属的成长，还有利于团队整体的成功。

然而，挖掘并合理配置一个人的“标准规格”并非易事。

对此，我本人在经常保持关注的同时，也总是和 Oisix 的领导建议“无视本人的意愿”。

安排人才要看合适不合适，而非喜欢不喜欢。

当被问到“你想从事什么工作”“你喜欢什么样的工作”时，人们脱口而出的答案并不一定是他真正适合的工作。因为对于自己想要从事什么样的工作这类问题，大多数人仅仅只凭印象来判断。这一点在年轻人和职场新人身上尤为突出。因此作为领导，决不能对下属本人的陈述囫囵吞枣般全盘接受。

有的员工对工作内容并不理解，只是单纯认定“我喜欢那个工作”；有的员工想着“从事产品研发的 A 君看起来干得很开心，我也想干产品研发”；有的员工在上司询问想要从事何种工作时，并没有强烈的意愿，但只回答“没什么特别的”这类话又有些难为情，于是随便回复一个感觉自己可能想做的工作……

有的领导根本不顾及这一点，“你喜欢广告啊？那就试试吧！既然是自己提出来要干的，那一定能鼓足干劲做出一番成就来。”这样的领导可以说是放弃了一项团队管理中的重要工作。

挖掘下属本人可能都没有发现的潜力，让他为团队贡献力量，这需要领导比员工本人还要了解员工自己的特性。

员工想要寻找能让自己忘我投入的工作，却不知道究竟什么样的工作才能让自己做到忘我投入。而领导的责任就在于帮助员工寻找问题的答案。

领导应在精准看透每个员工的“规格”后再下判断，即使超出员工本人的自我认识也没有关系。

当领导对想要从事产品研发的人说“我觉得你工作认真细致，执行任务的准确度非常高，所以希望你去从事品质管理的工作”，员工可能会大吃一惊，或者拒不接受。但是，如果这名员工真的适合这项工作，就会在这个岗位上做出成绩。一旦有了工作成绩，工作就会变得有趣，员工的工作能力也会进一步提升，最终感受到自己正在为团队做出有力的贡献，从而开始喜欢自己目前从事的工作。

虽说要无视本人的意愿，但也有例外情况。因为团队中有的成员已经具备较强的实力，并且又有着从事某种工作的强烈欲望。

领导第一次询问员工想要从事什么工作时，最好无视员工的初次回复。但如果有员工不等别人询问，就多次表示想要从事某种工作，领导就应该细心倾听员工的想法。

此刻，一定要注意对员工多加观察，认真判断他是否真的适合他想做的工作。

3

“东拼西凑 = 多样性”的思维模式

将背景不同性格各异的人集中在一起，建立一个团队并走向成功，才是团队领导的职责所在，才是公司组织中团队组建的意义所在。

- “虽然可以当领导，可管理下属却是个头疼的问题。上面随意指定的团队里，既有水平低下的庸人，也有蛮不讲理的同事。”

可能很多人都抱有相同的烦恼，但这在团队组建中并非障碍，而是基本条件。能让人从零开始组建一支理想的团队，这种情况可谓寥寥无几。

实际上，Oisix 团队创业之初也并非石板一块。很多人都以为它是由一群志同道合的伙伴合伙创立的，其实，它是一支由 3 个背景迥异的团队整合在一起，由此而诞生的新团队。

团队 1 是一群学生时代就开始合作的创业伙伴。

团队 2 是我在麦肯锡相识的老同事，被我邀请过来一同创业。

团队 3 则是从日商岩井（现为双日）过来的伙伴。创立 Oisix 前，当我正在研究商业企划书时，在报纸上看到日商岩井有一支有机农产品团队，于是立刻前往商谈。以此为契机，Oisix 得以同日商岩井合作，走上了创业之路。

学生创业团体，外资咨询公司，传统的日本商社，Oisix 起步之时，由这 3 支不同背景的团队组成，它们各自带来了不同成员加盟团队，所以 Oisix 绝对称得上是一支东拼西凑的队伍。团队成员之间的年龄差跨越了年未及弱冠到年近不惑，并且，从思维方式到工作推进方式，从文化到习惯，凡此种种全然不同，整个团队处于混乱状态。

作为领导的我，起初就想要让这些不同的人碰撞出火花来。所以在组建团队时，我并没有让背景相同的人集中到一个部门，也没有让配合默契的同事搭档，反而是让日商岩井出身的、严谨的 30 岁员工和一个刚刚出道的、尚且不懂商业规则的大三实习生一起搭档。对整个组织架构，我都是按照这样的原则设计的。

不出所料，公司陷入了杂乱无章、冲突四起的混乱状态中。然而，比起将 3 种不同文化的团队隔绝起来，我更希望他们能够尽早发生碰撞与融合，从而形成 Oisix 自己独有的企业文化。

这就是“暗锅”，也就是不管什么样的食材，我都把它们一起扔进锅里混合调理成一种味道，这就是我作为领导在团队建设上的秘诀。

对于一支不为己所控、东拼西凑而来的团队来说，从另一个角度来看它却拥有多样性的特点，我们可以将此转化为优势。如今年过 40 岁的我反而确信，团队要东拼西凑才好。

我作为社长，拥有人事权，在招聘时也会注意上述这一点，既有可能招募那些符合 Oisix 气质或非常优秀的人才，也时常努力招募一些不符合 Oisix 气质的人才。

这么做的理由也显而易见。通过四方招揽人才，Oisix 得以补充各类新鲜血液，从而成长为更加优秀的团队。就如同火锅里只要一加辣椒味道就会改变一样，我们并不只是召集符合 Oisix 气质的人，而是期待遇见那些能够与 Oisix 碰撞出全新文化的伙伴。

如果您带领的团队已经构建出完美的团队文化，一定会十分重视坚持传统。然而，很多团队都是在历经蜕变之后化茧成蝶，在这个激荡的时代，有些老字号公司因故步自封而难以为继。

“一支拼凑起来的队伍并非不利条件，相反，它具备多样性的优点。只要领导得当，就能够挖掘出其中隐藏的成功可能性。”我希望读者能够意识到这一点。

4

3 步消除团队内部的“温度差”

很多人在领导一支东拼西凑的团队时，常常会对“温度差”这一问题感到烦恼。

“来，大家一起努力吧！”当领导一腔热血喊口号时，下属们却丝毫不为所动，更别提团结一心了。领导像个傻瓜一样瞎忙活一场，这样的景象也并不少见。

然而，不论是哪个团队，成立之初都是拼凑而成，倒不如一开始就告诉自己“不团结才正常”。而要达到团结，有 3 个必经步骤。

步骤一，明确团队的成功会给团队成员带来哪些好处。

对优势的介绍单纯正式、简单易懂即可。

- 团队达成目标后会加薪。
- 团队积累经验有助于每个成员技能的提升。
- 团队的业绩可以为成员的事业镀金。

- 作为成功项目的团队一员，可以在公司内外打响品牌。

细想一下，可以列举出很多好处来。从我个人观点来看，“受欢迎”也算一个不错的好处。

步骤二，团队目标由团队全员来补足与充实。

领导需要向成员指明团队的理念和愿景，并制定具体的目标和计划。很多情况下，公司会直接给团队下达目标和方向，例如“两年内扭亏为盈”“销售数量突破一万台”等数字指标。

然而，对于怎么来完善、补充团队目标这一问题，公司基本上都会扔给团队自己解决。团队全员要详细思考一下怎样才能达成目标，因为达成目标的话会享受到成功的喜悦，树立团队形象。

以 Oisix 为例，我们是这样考虑的：

- 要实现两年内扭亏为盈的话，就必须建一个有名气的网站，而且这个网站的电子公告盘上要刊登上全日本最多的“美味好评”，如何？
- 将一些顾客从未吃过的美味蔬菜送给顾客，顾客感动的同时也会向亲人宣传，这应该会提高回购率，有助于扭亏为盈。当顾客从 Oisix 购买产品后，再在顾客的餐桌上制造话题，从而追求品牌效应，怎么样？

当大家纷纷献言献策时，将来目标达成后的喜悦场面立刻活灵活现起来，成员们自然而然也就干劲十足。

步骤三，领导要率先相信所描绘的未来。

“如果能做到这样的话一定很有趣，而且感觉也有实现的可能”……在团队全员对目标进行补充、完善，并描绘出美好的蓝图时，作为领导，必须第一个为此欢呼雀跃，并坚信目标一定能够达成。只有领导率先进行自我催眠，才能让下属也对自己充满信心。

如果领导也凡事半信半疑的话，那么下属会更没有信心。领导哪怕稍有犹疑都会立刻被下属看穿，所以一定不能跳过这一步，而是要首先反复做好自己的功课。

领导应该意识到“有志者，事竟成”，一旦有所怀疑就需要同上司商谈或同自己的内心进行一场对话。

5

同舟共济，休戚与共

人们大多同学生时代的朋友心有灵犀，大概是因为有过一段共同度过的岁月。

大家一起在同一所学校求学，一起参加体育运动，甚至还一起玩耍犯傻。大家共享同一段时光，经历同一种体验，这些共同回忆打下了彼此心有灵犀的基础。

在商务活动中，一支具有高度凝聚力的队伍一定经历过共同披荆斩棘、排除万难的艰苦岁月。当然，拼凑而成的队伍在创建阶段缺乏这样的经历，所以为了团队的成功，领导应该尽早创造机会，让团队得以共同经历风雨。

第 2 章中曾经谈及的“TABLE FOR TWO”的理念，正是来源于一支成员拼凑而来的团队。活跃在各行各业第一线的企业家们怀揣一份奉献社会的热忱，前来参加这项非商业性质的活动。他们所有人都忙得不可开交，尽管如此，活动一经开展，本着对“向发展中国家的儿童发送食物是一种什么体验”

的好奇，大家踏上了卢旺达视察之旅。

尽管当时忙得焦头烂额，我也坚持前往了，不，正是因为太忙我才去的。

虽然我也曾想过，自己这么忙还去参加这个活动，是不是太勉强，可有些比我还忙的人也报名前往，于是我重新调整日程，留出了时间。

此次行程的所见所闻均令我大为震惊，并引发了诸多讨论。我萌生出想要为此进一步付出的意愿，而只有投入自己最宝贵的时间，方能真正履行承诺。

访问团成员来自各行各业，其实如果能一开始就被告知活动内容，我可能很早就踏上卢旺达之旅了。岂止于此，如果大家意见不统一、人员未集齐的话，这一行程很可能就夭折了。所以做好任何事的有效办法还是要尽早半强制性地要求大家统一时间。

我相信，一群乐善好施之人汇集在一起，共同度过一段时光，自然而然会有一些东西产生出来。

当然，共度时光的方式多种多样，也不必非要专程前往卢旺达。

Oisix 每年 11 月都会举办“客户支持感恩节”活动，在活动期间，我们会与所有为客户支持活动奉献辛劳的临时员工欢聚一堂，共享团队的团聚时光。

由于客户群体多为主妇，所以之前我们计划约 15 人的经营团队全体变身为“男公关”来招待客户，并模仿优兔（YouTube）上的“一饮而尽”视频，就连我也跪地倒香槟，彻头彻尾变成一副仆人模样。

通过“客户支持感恩节”活动，负责客户支持的临时员工们纷纷表达了发自内心的想法：

- 活动大大拉近了我们和经营团队成员间的距离，平日交流也变得简单多了。
- 虽然只是临时工，但我感受到了团队对自己的重视。

这一活动中还有为 Oisix 的客户支持工作长期效力的资深临时员工参与配合，因而取得了不错的效果。

此外，在第 2 章中所介绍的品牌感受活动也为团队在相同地点共度时光创造了机会，这种活动既能让团队成员切身感受品牌的理念，又能提高整个团队的凝聚力。

在团队共享的欢聚时光，成员乐在其中的同时也为团队建设带来了惊人效果。

6

事先定好“决策方式”

很多为队伍东拼西凑而烦恼的人常常会抱怨：

- 会开得实在是太长了。
- 我们的领导真是优柔寡断。

作为领导，不断协商直至获得所有人的理解固然理想，但这很容易变成为了协商而协商，从而导致自己与成员产生隔阂。

这时候，我们最好事先定好“决策方式”。好不容易把大家召集一堂，却始终没办法下决定，这种集中讨论就会流于形式，上下级距离自然就会越来越远。因此，建立一个事先定好的“决策方式”机制十分重要。

“决策难”的问题多见于横跨不同部门组建的“横向团队”中。例如，两个部门中职位较高的 A 君和 B 君一同加入，团队中有多个位高权重之人等，这样的例子大家一定不陌生。

如果领导的是这一类型的团队，决策人应该一开始就事先做好决定，否则之后将会引发诸多难题。如果新团队遗留了“那个方案要这么做才好”“为什么不听我的意见，只听B部长的意见”之类的“挑理情绪”，将演化为团队成员的不满情绪，由此拖累团队的前进步伐。

- 下次会议由A所在部门的同事就××发表看法。对此，也请B团队通过基于对××的调查来发表意见……

这样一来，事先周密决策，并充分听取各个任务负责人的发言，就会减少不满情绪，推进团队向前发展。

这一点不仅在团队内部，在组建跨部门团队时也最为重要。

我曾经和入选达沃斯论坛世界青年领袖的精英们一起组建过非营利性组织，组织成员大多都是政治家和知名公司的社长，各个都是意见领袖。如今这个有趣的组织已经开始运作，但因为一开始所有成员彼此平等，并没有上下级关系，因此创建初期难以齐心协力。

非营利组织、非政府组织、志愿者组织及兴趣社团的领导，应该也有很多都在为这个问题烦恼吧。这样的团队既没有公司那样的约束力，也没有明确的等级制度，一旦受阻就有可能中途夭折。

在发起建立致力于灾后重建的非营利法人组织“BEYOND TOMORROW”时，发起人包括我在内一共4人，再加上其他相关的创建成员一共有20人左右，而且各个都是某些组织或团体的负责人。当时每天需要做决定的事项已经堆积如山，各个成员却意见纷纭，难以统一。

发起初期被任命为主席的我忧心忡忡，在需要快速应对、迅速行动的震后期间，该如何采取一种让各个工作繁忙的领导者们都能够接受的形式，来进行日常必需的决策呢?

最后，我们商定出一个简单易行的决策方法，让问题得以顺利解决。

- 我不发表意见。今天的讨论对大家能够达成共识的内容就当天敲定，对无法达成共识的遗留议题将直接由我们4人发起小组来讨论决定，之后需要大家支援配合的事项，我们再分别拜托各位。

再好的意见都必须在得出结论后才能用于向前推进工作。只有事先定好决策方式，才能进展到下一阶段。

此外，在定好决策方式之后，商定决策到哪一步也非常重要。

- 这次我们商议下成员分工。

- 只有日程必须在今天敲定。

反言之，只有明确了这些，当有人谈及与本事项无关的话题时（即便是很重要的话题），我们才可以回复“这不是今天必须解决的议题，所以下次讨论吧”，这样也就不必担心当日的议题跑题。

7

不重要的事情全权交给年轻人处理

高中时代，我所在的高中并没有体育节，当我询问老师原因时，被告知是因为无法确保学生安全。实际上学校似乎并没有认真研究过此事，所以高二时，我和朋友共同发起了“申请体育节运动”。我们对“确保安全”展开了必要的调研，开始观摩其他学校的体育节活动，听取多方经验，并不断同学校谈判交涉，最终赢得了学校的同意。之后，我作为执行委员开始四处张罗准备。

我所在的学校为初高中连读的男校，学生总数共计 1 500 人左右。我们计划将其分为 5 组，由我来担任“赤组”组长。每组组员横跨初中一年级到高中三年级，总计 250 人。

我就这样开始了准备，从各年级选出 5~6 名代表组成一共 30 人左右的赤组委员会，在召集这些委员时我便不知所措，只会吵吵嚷嚷再三催促，却丝毫不知道到底要准备些什么。

本身也是第一次，我并不知道委员的工作内容是什么，也不知是不是有需要30个委员来完成的工作。而委员们也没有参加过体育节，他们也不知道应该投入多少热情。如果有过一次成功的实践经历的话我还能控制一下自己的紧张情绪，可当时所有的事情都是我人生中的第一次经历。

- 也不知道为啥下课后就被叫过来了。
- 突然被指定当赤组的委员，这是要做什么工作呢？

初中部和高中部都弥漫着这样的疑问。平时学校里只有社团活动才会有跨年级的交流，这次却突然把各年级40多人，共计250人召集在一起，所以大家并无团队意识，彼此也缺少共同语言。此外，高二的我还不得不去指挥高三年级的学长们。

事到如今，我只得硬着头皮上阵，去考虑任务和分工。

首先，骑马战和拉拉队比赛是体育节的重头戏，都是分值高的比赛项目，制定赛前战略非常重要，所以我们分别成立了以高中生委员为中心的战略小组。拉拉队又进一步细分为服装组和排舞组。虽然最初大家还一片茫然，但经过一番摸索后，马上就全力投入埋头苦干了。

另一方面，我又将保持队列整齐之类的简单工作交给了初中生委员，他们不仅努力完成了自身工作，还渐渐培养出作为年级代表的自觉性，率先把高年级学生研究的比赛战略努力渗透给本年级的学生。250 名初高中生集合在一起本是吵吵闹闹的，可是在体育节上，只有我们赤组队列整齐，井然有序。

最终，不管是拉拉队还是骑马战比赛，我们都以绝对领先的优势斩获了冠军，并获得了综合排名第一的好成绩。这就是我带领一个东拼西凑的团队品尝到胜利果实的第一次经历。

- 必须要把课题分配下去。
- 最好进行任务分担。

尽管有这些认识，但仍然会产生不知给某人分配什么任务的困惑。特别是新人和年轻成员，由于能力明显不足，很容易沦为别人的助手，这样一来他们就会产生旁观者的意识，难有主人翁责任感。

在此我们建议，把不重要的工作统统交给新人承担。要把那些不管结果如何都不会影响全局的工作分配给他们，全权交由他们来负责。

例如，体育节的重头戏骑马战一旦失手的话，就会影响整个赛果，而队列即使松垮一些也无伤大雅。不过，如果最后队列井然有序的话，也要不吝表扬。

在团队管理中，领导可以尝试给职场新人、转职员工、部门调动过来的员工以及实习生分配一些简单的工作。当他们表示希望尝试一下的时候，只要不难，就交给他们做吧。如果进展顺利的话，也愉快地表扬一下吧。

这些工作对达成目标并无多大影响，但这些年轻成员能够因此体验到成功的喜悦，感受到自己在团队中的价值，自身也由此获得成长，这对整个团队来说，都是一笔巨大的财富。

8

讲究分配方式，赢得资深员工

拼凑的团队里也有资深员工，给他们分配工作任务也并不容易。

分派的任务太简单，他们似乎会觉得自己被轻视了，可分配给他们的工作过于重要时，他们可能又会摆出一副努力想要掌控全局的样子，让人分不清楚到底谁才是领导。

在现实中，很多领导只是单纯把资深员工看作“老资历部下”。我们不能只是交代这些资深员工去帮助支持整个团队，而是要尽量交给他们具体的工作内容，这样有助于他们培养团队责任感。此外，分配具体工作时，要注意避免资深员工成为团队内部的“评论家”。

我在完成公司外部的项目时，经常采取的做法是指派某个人去联系。

- 我想咨询一下 ×× 公司 A 先生的意见，您能给我介绍一下吗？

即使在公司内部，也会有想要获取其他团队支援，请求部长帮忙牵线的情况。这时，就可以拜托资深员工出面去和其他部门联系。

- 我想要一下这个数据，你能帮我去和市场部的部长打声招呼吗？

一旦要去和市场部的部长谈话，资深员工就不得不亲自向对方解释项目的相关内容，而解释的前提是自己必须深入理解项目；在加深理解的过程中，员工又会萌生自己的意见和见解，也会把和部长谈话时迸发出的灵感分享给我们。

当某人在亲口说明某项工作时，他就会和这项工作站在同一阵营。

比如，当员工向其他部门介绍自己部门的项目时，无论如何也很难说出“我觉得这个计划不怎么样，但是，还是要麻烦各位帮忙”之类的话。他们一般都会说：“这个项目非常棒，请大家一定帮忙。”

另外，当资深员工不管怎么介绍说明，对方还是一副“有点听不明白”的样子，对他的介绍反应消极的话，这位员工一定会更加详细地加以说明，努力获取对方的理解。相反，如果对方夸赞“这真是个好项目，祝你们成功”，他也会如同自己受到表扬一般喜悦，这就是项目说明所达到的效果。

经验丰富的资深员工在公司内外交际广泛，能言善语，领导大可以把这些工作拜托给他们。

- 请联系下 ×× 部长。
- 能和这家公司约下面谈时间吗？

我分配任务时，常常只是简明扼要地交代一句要做的具体工作而已。

第4章 “投入”的秘诀——让团队成员把团队的事当成自己的事

0

建立能够让团队成员全情投入的机制，接近成功

一支东拼西凑的队伍刚刚开始启动时，内部争执会如潮水般涌到团队领导面前。

- 那个人在的话工作很难开展。
- 一起组队销售的话总是白费劲儿。

对工作的不满情绪大多来自人际关系，这话看似事实，但正如第 3 章中所说的那样，成员之间的不满和抱怨永远不会产生积极的效果。

这种时候，如果连领导也一起卷入是非之中的话，只会与成功渐行渐远。

领导整合团队时不仅要无视投缘问题，还要鼓励成员全心投入到团队中，向目标切切实实地迈出第一步。

本书在序言中也曾提及，Oisix 在创业初期，也一直没能

发挥团队的功能。

究其原因，除了我本人的政策摇摆，缺乏一贯性外，还在于过于拼命地解决问题，对每个人的抱怨和不满都悉数倾听。

有一次，我从我的副手 A 君那里听到“B 君工作不够积极主动，没什么长进，没办法和他一起工作”之类的投诉，于是把 B 君调到了其他团队，将 C 君吸收到团队中来。然而，A 君又向我反映说 C 君虽然干劲儿十足，但沟通能力实在是太差了。

以往碰到这种人际关系上的不满时，我总认为是投缘的问题，而今我的观念却大为转变，例如对刚才的例子，我就会这么处理：

我会对 A 说，“C 君和 A 君一起工作后，似乎学到了很多啊”，“C 君进步真的很大”等，对 C 君大加赞赏。潜移默化下，A 君才会逐渐感受到自己所在团队的好处。一旦转变意识，成员们就会不再纠结人际关系上的不满和不安，并将注意力逐渐集中到如何取得团队成功上来。

领导只要如此稍费工夫，就可以让成员把团队的事情当作自己的事情，从而放眼整体成功，带动其他有不满情绪的员工一起投入到工作中来。

整个团队全情投入，凝聚力得到进一步加强固然最好，但是，如何在一开始调动团队的积极性，则成为大多数领导者面临的一道障碍。

所以，对于领导来说很重要的一点就是从微不足道的小事开始积累成功的经验，潜移默化地制定机制，以带领团队不断地朝向目标迈进。

为了让团队力量向着目标不断加速，该如何通过建立机制来激发团队成员的积极性呢？本章会就此分享一些办法。

1

从微不足道的成功体验起步

从东京去新大阪的途中，大家一般会想到“新横滨”“名古屋”“京都”等中间站，而在团队管理的过程中，也应积累切身经历的小小成功，逐步提升成就感和凝聚力。团队领导应该从一开始就意识到那些微不足道的成功。再细致一些划分的话，就好比首先是“右脚先穿上鞋，好，接着穿左脚”这一穿鞋成功的体验，然后是“好，锁门”，再次体验锁门成功的感觉，就这样，将每一个细致入微的步骤都以近乎愚蠢的方式分解，就会切切实实地体会到每一个小成功带来的喜悦，日积月累，终会一步一步接近目标。

回到商业活动上，创业初期的每一小步成功都可以是下面这些极其琐碎的小事：

- 卖出一件新商品。
- 第一次收到客户的购买感受。
- 会议通过了团队的提案并下拨预算。

- 按计划开始系统开发。
- 得到其他团队的支持。

长此以往地积累每一个小成功，并将成果反馈给团队，团队建设就会越来越得心应手。

下面我就以自己在非营利组织的亲身经历为例进行说明。

除了 Oisix 以外，我还参加了“TABLE FOR TWO”“BEYOND TOMORROW”“东食会”等团体，其间让我最早体验到小小成功的是获得媒体报道以及知名人士支持这两件事。想要取得较大的社会影响，辛勤耕耘必不可少，做出一番成功也需花费较长时日。与之相比，通过媒体宣传或吸收知名人士作为支持者，这两种办法则相对简单易行。

这是因为非营利组织比营利组织更容易得到媒体的关注。比起企业，非营利组织也更容易获得知名人士及有识之士的认可。这可以称得上通俗易懂的成功体验。“那个网上新闻报道了”“他们得到了 ×× 君的认同”，等等，这些为接近目标而积累的每一步，都推动着团队前进。

长此以往，东拼西凑的团队也会团结一致，逐渐自信起来，自信力会成为团队前进的推动力。

2

开始行动前，先确定需要在执行中思考的内容

在诸多商业场景中，新项目执行时多采取“摸着石头过河”的策略。因为没有哪个聪明人能够未卜先知，人们总是要通过实践才能得出真知。

然而，“摸着石头过河”这句话可谓知之不难，行之不易。有的团队为了避免出现因瞻前顾后而踟蹰不前的问题，只顾一味往前冲，反而忘记了思考。特别是如果团队一开始就抱着“反正再怎么想也想不出所以然来，干脆先做后再说吧”这样的心态，放弃思考，直接“一往直前”，就会与成功南辕北辙，渐行渐远。

运动员如果因迷失方向而失败，通常影响的只是他一个人，可如果是团队领导领着团队走了弯路，那责任大小可就不一样了。

因此我在摸着石头过河时，会提前处理好需要在实践中思

考的问题，之后再开始行动，具体方法就是先将事情分为了解和不了解两类，例如：

a. 什么事情无需实践也能出真知？

b. 什么事情只有实践才能出真知？

“摸着石头过河”针对的是第（2）类，可如何实践才能出真知呢？这需要我们提前就想好。如果有必要获取数据，就必须提前准备，这些都是我从失败的切肤之痛中得来的教训。

Oisix 是一家年轻的公司，新事业起步时门槛较低，将众多挑战都视为好事，所以在 2004 年建立甜点销售的网站时我也在想：“这个想法很棒，咱们创业公司不就是要摸着石头过河吗！”

一开始，我灵机一动，脑海中闪现出“Okasix”这个名字来。

“将‘蔬菜的美味’的发音（日语读音为 OISI）和‘甜点’的发音（日语读音为 OKASI）结合在一起，很有趣吗！”制订好事业计划，建好网站后，我开始走一步看一步。销售额一下子猛增，有的客户甚至打电话来咨询，“Oisix 的网站创意是不是被人剽窃了？”让人忍俊不禁。

然而好景不长，订单数量急转直下，销售额也停滞不前，对此我们当时百思不得其解，后来才发现这是由只关注销售额导致的。

本来应该先建好可以读取和分析重复购买率等基本数据的系统后，才能开始进行销售，我们却大意轻敌，走一步看一步。事到如今，我们经调查后才发现，开发数据分析系统不仅要花费数月，费用也高得惊人，这样一来经营就产生了赤字。

结果，Okasix 苦苦支撑数年后关门大吉，一切努力都化为泡影。

只是一味思考而不采取行动，是无法判断一个项目到底能否成功的。如今我发现，在尽快行动之前，应该尽可能地提前对“只有实践才能出真知”所涉及的问题进行具体的分析。

- 所有利用这些服务的客户中，有百分之多少会再次使用？
- 重复购买的频率是一周一次还是一月一次？
- 重复购买者和非重复购买者在购买行为上有何差别？

在具体分析这些问题之后，只有构建数据收集系统，并根据数据确认销售情况，决定判断时点，才能建立一个明确的机制，运行团队时才不至于将思考抛诸脑后。无论团队如何忘我地投入到前行的路上，只有明确了检查要点，才能随时确认情况，以防出现因发展过快迷失方向、过多考虑不必要的因素等失误。

此外，最重要的一点是，团队领导一旦明确每一阶段的思考课题，就应该充分传达给下属，让每一个团队成员都能在前进中保持思考。

根据工作及项目的不同，如何将问题具体化的方法也不尽相同。这才是领导在指挥团队前进前必须思考，并且应提前向团队成员传达的必要事项。

3

布置“作业”，提高成员的主人翁意识

在把拼凑的队伍推向正轨之前，不得不采取几项必要措施，其中重要的一点是要让团队成员把“别人的事”当作“自己的事”。我会在团队成立初期就给各个成员布置些小任务，以期让每一个成员都能把集体的事当成自己的事参与进来。

例如在给拼凑的团队开会时，有人会抱着反正只要到场随便听听就行的态度参加，这样的人留在公司的话也只会继续心不在焉地工作。在非营利组织和横跨部门的内部项目中，这样的人终有一天会离团队而去。

这时领导最好是给这些成员布置些任务。“布置”一词可能显得有些傲慢，但在形式上就是拜托他们做些工作。

- 这个你最擅长了吧，下次请简单调查一下。
- 我不了解这个年龄层的想法，你教教我应该如何接近他们吧。
- 你能给客户 A 君打一个电话吗？

布置任务不必拘泥于内容和形式，循序渐进即可。

成员在调查研究的过程中，或许会迸发出新的灵感，或许会对自己的工作方法进行深入的思考。就算打一个电话，当对方问“这是什么”时，下属也不得不认真介绍，这会使他把团队的项目看作自己的分内之事。

当人投入自己的时间和精力去做某件事时，这些时间和精力就是他所耗费的沉没成本。既然有了花费，自然就希望能够收回投资，就不会产生“结果如何无所谓”的想法，而是希望自己的调查方法能够被派上用场，甚至期待更进一步的调查。

细小琐碎的工作能够逐步提升员工的主人翁意识，布置“作业”这一手段十分有效。

明确团队分工也可以提升成员的主体意识。但是，在团队全员分工完全相同，或是团队中有能力还是未知数的新人，或是团队尚未培育出凝聚力时，过快决定分工往往会导致团队运转不灵的情况。

这时，我们建议首先以分派具体任务的形式让整个团队行动起来。

4

分派给团队成员“跳一跳就能够得着”的任务

通常我们会根据员工的实际情况安排合适的工作任务，如果是设计师，我们会让他出一张设计草图，是程序员的话就让他编写一个小程序，花个几天工夫也就可以完成了。

而对于拼凑的团队，可不能只是分配过于简单的任务。特别是在发现团队里有消极怠工的成员，或是感觉到成员人心不齐时，就可以往下布置一些“跳一跳就能够得着”的任务。

例如分配给员工一些比起他正在从事的工作稍有难度的任务，或者分配给员工一些他从未接触过的全新工作等。

需要注意的是，如果工作难度过高，员工的积极性会受到打击，所以一定要仔细斟酌，把握好这个拔高的度。当员工稍加努力就可以完成目标时，他们就会抛开消极情绪，增强主人翁责任感。

实际上，大多数新团队在成立之时就离不开每一个团队成员付出的超乎寻常的努力。从公司的角度来讲，它也会给团队下达一个不进一步努力就难以完成的目标，因此在团队成立之初就明确各个拔高的课题，会非常有用。

特别是在如今，横跨部门的横向团队越来越多。公司分别从销售部选出 3 人，从系统部选出 1 人，从市场部选出 1 人拼凑出一个团队来开展新项目的例子屡见不鲜。在这种情况下，制定“跳一跳就能够得着”的拔高任务尤为重要。

- 这个团队的任务并不是对之前业务的简单扩展。之前你可能一直在系统部按照上司的要求工作，但在这儿，你作为唯一一个来自系统部的成员，就必须对该项目的系统进行全盘把握。

此情此景之下，员工就不得不鼓足干劲儿了。

5

“律动”互补

通过参加学生时代的各项活动，我领悟到团队活动的种种益处。

就读初高中连读的男校时，我曾担任过校园活动节的执行委员，也曾经和朋友们一起成功促使学校开办了有史以来第一次体育节。

在大学时代，我又与彼此志同道合的同学一起举办了国际活动，并各自邀请国际企业参加。此外，为了抗议某国核试验，我同东京都合办的“停住·艾滋病”（Stop AIDS · EVENT）等活动，也大多是以团队形式开展的。读研之后，我又开始和伙伴开办公司，以学生创业的形式接触到了电子商务。

一直以来，我都很享受并迷恋“同心协力，共享成功喜悦”这种感觉，所以在创业时也立志将公司打造成一支高效团队。

幸运的是，Oisix 的每一位员工都热情高涨，每天都能给我带来团队进步的喜悦。即便如此，“人人都处于最佳状态”的情形并不算多，只依靠分派任务和小小的成功体验来激励士气，也有不奏效的时候。

人总会有与热情不同的生物节律。平日里干劲儿十足的人也会有软弱、体力不济的时候。

我并不讨厌工作，也没打算辞职，可今天不知道为什么就是不在状态——大家都有过这样的感觉吧？原因可能是身体不适，宿醉，家里有烦心事，或者干脆莫名其妙就是不在状态。

我也有过情绪莫名低落的时候，那时就连对期待已久的新项目也产生了疑虑，担心项目能否顺利进行。团队领导尚且有这样的时候，下属们自然也不例外。

这就是临时的生物节律，虽然明白这是自然现象，但内心深处并不能完全理解。人有时会由于受情绪影响而判断失误，有时也会一个人钻进牛角尖儿，陷入持续的消极思考状态中。

但如果是团队的话，就不会有全体情绪低落的时候。生物节律这东西似乎是因人而异的。

作为领导，我在为大家加油鼓劲儿的同时，内心也会暗自怀疑项目的可行性。可就在这时，常常会有团队成员兴高采烈地跑到我面前说：“宏平先生，这个项目棒极了！一定能够顺利开展的。”我的激情也因此被点燃了。说起来有些不可思议，一开始我还会觉得这些员工有些轻率，可慢慢地我也受到感染，开始重新审视项目，然后也觉得，“嗯，这个项目也许真的不错。”

没有突破生物节律的人也会被卷入到周围人的生物节律中，这样彼此互补，团队上下一致，就能整体迈步向前。

令人不可思议的是，当团队迎接某个挑战时，哪怕只有一个人情绪高涨，也会鼓舞整个团队的士气。如果有人不断强调一定会赢的信念，往往会起到让团队转败为胜的奇效。

我常常碰到因为某些成员坚信胜利，其他成员从而备受感染的情况。团队领导也有自己的生物节律，也常常会被自己的团队成员从低潮状态中拯救出来。

团队领导应每日观察各个成员的生物节律，当团队情绪出现低落的苗头时，可让相关人员及时与处于情绪高涨期的同事交流，这样就能够推动整个团队积极朝前看。

6

树立“假想敌”

拼凑的队伍可以分为两类：由不同行业人员聚集在一起的团队和由相同行业人员聚集在一起的团队。

就培养主人翁意识的难易程度而言，成员类型多样化的团队相对更容易形成主人翁意识。由不同类型成员组成的团队在建立之初，就会对产品研发、物流管理和网站建设等方面进行明确分工，大家也都清楚地知道，如果缺乏团队协作，个人将一事无成。大家都能够明白这个道理：“网页设计者再怎么想建设网站，没有程序员也寸步难行。”因此，成员之间会互相尊重彼此的劳动。

相反，相同类型的成员却很难把团队的事当成自己的事。公司里的团队大多都是由相同类型的成员组成，这样业务运行起来就会产生诸多烦恼。

- 销售部以一个团队的形式来进行销售活动，这与每个成员各自进行销售活动，两者之间有何不同？如果按照个人销售业绩评定的话，这个团队的整体业绩难道不是每个销售员个人业绩的简单拼凑吗？

- 团队的繁文缛节限制了我的个人表现。

团队里肯定有人会有这样的想法，也确实有很多团队徒有虚名，这些团队实际上不过是个体的简单集合而已。

5 名不同类型的成员集中完成了只有通过团队协作才能完成的任务，只要拥有不同本领的他们一起做出了一个成果，这样就算合格了。

可在由相同类型的成员集中完成一个只有通过团队协作才能完成的任务时，如果 5 个能力为 10 分的成员在一起合作，只完成了 50 分的成果，这样的话毫无意义，只有做出的成果达到 60 分或 70 分，我们才能评价它有了团队的样子。因此这一类型的团队获得成功的难度相对较高。

团结同一类型成员的秘诀在于树立“假想敌”。

最常见的例子就是公司的销售一部制定了一个“超过销售二部”的目标。

团队设立目标时，既有“超过去年的销售额，超越去年的自己”之类的目标，也有很多旨在“战胜竞争对手”的目标。

有大量实例表明，只有这种方式才有效。把注意力放在团队内部，就会导致团队内部形成竞争关系（成员的精力放在自己这个个体身上）。与之相对，将注意力引向团队外部，各个成员才会集中精力，一致对外。

这样一来，竞争对手不再是团队里身边的同伴，而是其他团队的成员。只有树立“假想敌”，由相同类型的成员组成的团队才能顺利团结起来，目标一致，统一对外。

最后还有一点需要注意的是，“假想敌”只是假想敌，并非真正的敌人。

领导一旦误解这一点的话，就会对假想敌产生负面情绪，从而容易导致团队从领导到下属都把视野降低。

树立假想敌不过是为凝聚团队添加一条导火索，它不能成为团队持续前行的燃料。因此当利用假想敌点燃团队激情之后，要通过真正的目标将团队领回正轨，这一点非常重要。因为只有这样，团队的火把才能永不熄灭。

7

将团队以具体的形式表现出来

2013 年 3 月 13 日，Oisix 在东京玛札兹市场上市。

我们邀请了客户以及作为生产商的农夫和渔民参加了敲钟仪式，以彰显我们与生产商和客户同属一个团队，共同朝着目标迎接挑战。

Oisix 的员工当然也是这个团队的成员。

上市前一个月，公司以更换员工卡的名义，为每一名员工拍摄了照片。明明说是要拍证件照，却莫名其妙地分别拍摄了每名员工的正面、左右侧脸以及后脑勺 4 张照片。员工们虽然丈二和尚摸不着头脑，但也都配合完成了拍摄。

实际上，这是我和秘书、人事一起策划的绝密计划。

- 通过上市，我们获得了在观众面前比赛的权利。此前我们都是在幕后战斗，如今我们可谓是站在了座无虚席的体育场上。

连同这个想法，我们把员工身穿足球队服的小型雕像分别发给了每一个团队成员。

这些小雕像惟妙惟肖，与当时的员工数一样，共有177座。这些小雕像整齐排列起来蔚为壮观，员工们也都满怀欣喜之情。整个团队的形象就通过这些身穿相同队服的小雕像们充分地展现了出来。

拼凑创建的团队在合适的时候，创造机会把团队形象以直观明了的形式展示出来，或者通过某种实物表现出来，这应该算是一个不错的选择。即使没有特意制作雕像，定制一件团队T恤，设计一枚团队徽章，选定一首团队主题曲，或者提前决定好目标达成后庆祝的餐厅，等等，只要心思到了，不用花费过多就可以做些有意思的尝试。

团队团结一致当然不错，但这并非团队的目的所在。如前文所述，“成功才是团结的捷径。”我们决不能止步于一次胜利，而是要朝着目标不断争取胜利，这才是团队的乐趣与职责所在。正如第6章所述，胜负乃兵家常事，出现半途而废和出师不利的情形也不足为奇。

尽管如此，要想团队获得成功，就要珍惜并庆祝每一场胜利，以各式各样的方式确立团队的概念。——我就是这样想的。

第5章 “培养”的秘诀——带领你的团队成员走向胜利

0

不存在从不失败的表扬方式和批评方式

- 取得成果，带领团队取得胜利。

我们在前文多次提到，这是团队领导的职责所在。要取得胜利，仅靠一个人的力量是无法实现的。只有在领导的带领下，最大限度地发挥每个团队成员的能力，才能一步步走向胜利。

并且，在很多情况下，为了取得业绩，团队成员们往往需要付出超过他们现有能力范围的努力。因此，领导通过表扬或者批评团队成员，促进他们的成长，也是取胜过程中领导的职责之一。

但是，让许多领导感到困惑的是应该如何表扬或批评团队成员。关于这个问题，不仅我自己大费心思，Oisix 公司里的领导们也经常会为此而深感苦恼，跑来找我商量对策。

有时，领导是为了鼓励某个成员而表扬他的成果，结果却适得其反，他的表现变得更差，令人大感失望。

有时，领导出于冷静的思考和分析，认为应当适时严格管理团队成员，结果却严重伤害了成员，甚至也会反伤自己。

怎么做才能使表扬和批评收到预期效果呢?

对于这个困扰大家的问题，我的答案是:“没有失败过的表扬和批评方式是不存在的。”

从市面上出版的大量书籍中可以看出，人才的培养绝非易事，只有通过不断的尝试才能摸索出来。

有效的表扬和批评方式往往要经历失败，但由此刻意回避失败，反而无法掌握有效的表扬和批评方式，对一个新团队的领导而言更是如此。

有的领导过于担心，生怕伤害自己的团队成员，有的领导则由于自己表扬或批评的方式遭到失败而陷入深深的自责，这些领导开始变得畏惧挑战。但如果因为害怕失败而选择无所作为的话，那么无论是领导还是团队成员，都永远无法取得进步。

如果领悟到这点却仍然感到不安的话，我们不妨换个角度来分析。虽然领导从来没有对团队成员发过脾气，但团队却屡屡失败，无法达到目标，此时团队成员会怎么想呢？他们一定会想，与其这样，领导还不如严厉批评我们，使团队取得胜利，最终达成目标。

如果领导畏惧眼前可能给成员带来的伤害，就很可能失掉在未来为团队成员创造幸福的机会。

如果成员的成长能够打开团队通往胜利的大门，那么就应该竭尽所能为他们创造成长的机会。在这一章，我将会为大家讲述团队领导应该怎样支持成员们的成长，即领导培养团队成员的方式。

1

关注现有能力与期望值之间的差距

团队成员们的成长对于团队通往胜利之路是必不可少的。正如前文所述，领导的工作就是了解成员的特点，并对此加以合理的配置和利用，给他们安排合适的任务。

如果以成员现有的能力，不足以胜任工作的话，那么团队领导就必须要考虑如何培养成员的才能，以此提高团队的战斗力。许多领导都认识到了经常表扬或批评成员的必要性，但也为此而感到苦恼。

虽然从表面上看，“表扬”和“批评”是两个相对的概念，但我认为它们在本质上是相同的。

因为不管是表扬还是批评成员，都是领导出于对成员发自内心的期望而产生的行为。领导只有通过批评或表扬成员，才能展现成员的现有能力与领导对他的期望之间的差距。如果领导认为团队成员有能力胜任工作，而成员最后却没有做到的话，就要对他加以批评；如果领导认为成员的表现大大超出他的期望，就要对他加以赞许。进一步说，要想让成员更好地达到自己的期望值，领导就要在期望方式和激励方式上下功夫。我认为，这才是领导对成员进行批评或表扬的真正意义所在。

领导关注成员表面上的成功和失败，并相应地表扬或批评成员，这种方式可能暂时奏效，但从长远来看，并不能实现团队取胜的目标。因此，领导应该尝试真正从内心对成员有所期待，关注成员现有能力与领导对他的期望值之间的差距。

2

根据领导的不同“解读”，成员的潜力值会发生变化

现在我们来说说在第 1 章中提到的那位“不擅长挑战新事物”的女性员工身上后来发生的事情。

这名员工入职之后，我把她安排在一个团队里，让她负责各种不同的项目。我并没有让她做部门调整或者新事业开发这类她感到棘手的工作，而是让她一直留在同一团队中，不断处理各种项目。由于她是一个责任感非常强的人，即便对规模非常小的项目，她也以高度的责任心逐一认真完成。

虽然她的职位和所在的团队都没有发生变化，但是她处理的项目内容却各有不同，甚至有一些项目对整个公司来说都可算全新的挑战。基于她在工作中表现出的强烈责任感，我尝试逐步交给她一些充满挑战性的工作，她的能力自然而然就得到了充分的发挥。

几年过后，有一次我对她说：“你刚进 Oisix 的时候，说过

你不擅长挑战，但是你现在的工作都是与挑战相关的，而且都做得非常棒。”她回答道：“那是因为很多项目缺了我不行，我只能硬着头皮上了，总不能做了一半就撒手不干吧。”我看似不经意地说：“其实富有挑战性的工作你也能做得很好，不对，应该说你其实非常适合充满挑战的工作。”通过这样的方式，我一边提高她的积极性，一边不断交给她新的工作。

又过了几年，现在的她已经成为新事业开发部的负责人，手下领导着 20 多名员工。

作为领导，如果认为成员有某方面的潜质，就算他本人说“不擅长”，你也应该安排他去做这方面的工作。相反，就算成员本人觉得“擅长某一方面”，但如果你认为他另有潜质，就应该安排他从事其他工作。

根据对成员潜质的不同解读，领导可以发掘成员更多的潜质，帮助成员实现真正的成长。

3

不要期待“全能人才”

我们可以将人的优点和缺点比作雷达图。如果用雷达图标识“沟通能力”“业务处理能力”“营销能力”等职业技能与“积极”“抗压”等强大的心理素质的话，最后会形成一个圆形，也就是说全能人才基本上是不存在的。

领导了解每个成员的爆发点和挫败点，然后在其爆发点上施加重担，就能够促进成员的成长。

然而，领导经常会犯一个错误，就是在成员的挫败点上施加重担。有的领导觉得，“这个人虽然想象力丰富，但欠缺团队精神，所以应该让他多做一些能够培养团队精神的工作。”有的领导甚至会当面斥责成员“缺乏团队精神”。这样一来，成员的个性不但遭到抹杀，甚至连他丰富的想象力也无法发挥出来。与其这样，领导还不如把需要发挥丰富想象力的工作交给他。

我并不认为推动成员的成长是领导的直接职责。然而，在大多数情况下，成员自身得不到成长，团队的胜利也就无法获得。只有成员早日实现成长，团队才能不断接近成功。因此，只要领导的职责仍然是带领团队取得胜利，就要竭尽所能促进成员的成长。

大多数人不能茁壮成长的主要原因在于“缺乏自信”。这种人往往看不到自己的长处，从而不知道该如何发挥自己的长处。同时，这种人由于过于在意自己的缺点容易遭到别人的训斥，从而形成一种自卑感。长此以往，他们只会看到自己的缺点，并越来越缺乏自信。

因此，领导不应死揪着成员的缺点不放，而应多关注成员的优点。在我看来，比起一门心思努力克服缺点，在“扬长”的过程中“避短”要容易得多。

对“擅长本垒打但不擅长防卫”的棒球选手来说，攻克弱项，一味练习防卫并无多大意义。相反，通过不断练习本垒打，提高进攻能力，在这个过程中认识自己的不足，并开始加强防卫的练习，这才是实在而有效的做法。

让成员们认识到自己的长处，更自信、热情洋溢地投入到工作中吧。

4

从“成长”的角度而非“能力”的角度表扬下属

在我的观念里，“辞藻华丽的赞美”没有实质性意义。与其在感人肺腑的话语和遣词造句上下功夫，不如好好想想表扬的内容。基于这个观点，我们需要认识到，表扬的对象不应该是成员的现有能力，而应该是成员的“成长”。

老实说，成员的现有能力可能在短时间内就会失去应有的效用。我们假设精确的数据分析能力在目前还算得上一种能力，然而在10年后，大数据时代真正来临，数据分析可能会变成一件再平常不过的事情。不仅对于Oisix这样的创业公司，对于任何企业和团队亦是如此，在科技高速发展的今天，所有人都不可避免地要面临一个所需能力日新月异的事实。

此外，如果领导仅仅表扬成员的现有能力，就会出现“虽然完成了，但不够出色”这种尴尬的情形。尤其对团队中的新人和年轻人来说，能够在团队中好好表现的机会本来就不多，在这种情况下，如果说出“你的谈判能力在我们团队中算是数一数二的”这种表扬的话，反而显得很虚假。我想，受表扬者心里应该也不会舒服。

这时，如果领导从成长的角度来表扬员工，可以采用多种方式。

- 你比之前进步不少啊！
- 你的成长速度非常快！
- 大家都说你跟半年前判若两人。

比起表扬成员的能力，这类赞许更像在表扬他们的变化。这种表扬方式传达了“我注意到了你的变化”这个信息，因此，受表扬者也会因为自己的努力得到认同而感到开心。同时，他们也会产生奋斗的动力，勉励自己“必须要更加努力，不辜负大家的期望”。

这样一来，即使成员没有达到目标，领导也可以从成长角度评价成员，在表扬成员的同时促进他们完成工作目标、提高业务水平，从而收到一箭双雕的效果。如果再加上有效利用第2章所提到的交流笔记，就可以更好地注意到成员细微的变化。

5

通过“倾斜交叉式交流”来实现传闻式的表扬

许多团队领导并不擅长表扬成员。有的人个性害羞，对表扬他人感到不好意思；有的人平时很严肃，到了该表扬成员的时候也难以表达出来；有的人不善言辞，不知道该怎么表扬。有的人擅长批评，却不擅长表扬；而有的人正好相反，擅长表扬，却无法严厉指责他人。对成员加以表扬或批评，这两者都是团队领导的必要工作，而领导在这方面存在擅长或不擅长的问题也在所难免。既然如此，我们只能用技巧来加以弥补。

其实，我也不擅长表扬别人，所以才想出了一种表扬方式，这种方式着眼于成员的成长角度，并降低表达的难度，让不擅长表扬的人也能够运用自如。

除此之外，我还要向那些不擅长表扬的人介绍另外一个极为有效的方法。

不擅长表扬成员的领导，可以拜托擅长表扬的人来代自己表扬自己的团队成员。这个方法看起来有点偷工减料，但实际效果甚佳。

“擅长批评的领导很喜欢批评别人”——这样的情形基本上不存在。这就像有人力能扛鼎，却不会喜欢扛鼎一样。无论某人多么擅长批评，批评别人终归不是一件轻松的事情，还会给自己和他人的精神带来负面影响。

不过，表扬别人就另当别论了。表扬往往会给对方带来喜悦和感激之情，擅长表扬的领导大多喜欢表扬别人，因此会爽快接受别人的委托。

还有一个方法就是与其他团队的领导合作，用交叉方式表扬彼此的团队成员。

- 之前，你们二课的领导把你夸奖了一番。能让他夸奖的人可真不多呀。

作为营业一课课长的你，可以这样对营业二课的成员说，营业二课的课长也可以这样表扬你们营业一课的成员，这种方式对平时受到领导严格要求的成员尤其有效。

“你们课长最近对你虽然比较严格，但他跟我说你近期的成长非常快”——这就是所谓的“倾斜交叉式交流”。比起直属上司的直接表扬，成员更相信从其他部门的上司那里听到的“自己直属上司的表扬”。前者可能是客套话，而后者则非常可信，同时也能有效缓解由于领导平时严厉要求成员而造成的不快。

我经常用到的借用别人表扬成员的技巧就是“传闻式表扬”。

- A部长对你可是赞不绝口！
- 我去B公司的时候，那边的负责人对你的工作能力非常佩服！

因为自己不擅长表扬，我便借别人的名义表达出来。要是公司以外的人表扬了团队成员，我也一定要大张旗鼓地告诉他。

将传闻式表扬方式进一步加以运用，就是为成员“树立口碑”。在公司内外传播“某个员工非常优秀”的传闻，过一段时间后该成员的口碑自然就会被树立起来，并传到他本人耳中。人们一旦觉得自己备受期待，就会更加努力。成员听到这个传闻，会感到不仅团队的领导对自己有所期待，整个公司上下都看好自己，不难想象，他之后的工作能力一定会实现质的飞跃。

6

以“提拔”的名义传达部门调动信息

当一个团队新成立或是有新成员加入时，成员们比作为领导的你更容易感到这是一个“东拼西凑”的团队。畏惧进入新环境、尝试新事物的人远比想象中要多。如果放任这种情绪的话，负能量就会在不经意间弥漫整个团队。

举例来说，一个人一直在商品开发部干得得心应手，突然被调到新项目组，他的内心难免有所抗拒，情绪也会沮丧低落。有的人甚至会非常消极地认为：“表面上是被调到了新项目开发团队，实际上是被调到了没有前途的边缘部门。”

这时我们需要使用的词组就是“人事提拔”。这个词组听上去虽然有些冠冕堂皇，却包含了“我们需要你发挥自己的能力”这一重要信息，所以它是一记有力的撒手锏。

当然，如果新项目组不是真心欢迎这位成员，这个词组反而会起到反面效果。但有时虽然新领导确实是真心期待某成员加入，也很难让对方真正感受到自己的热情，这时，领导稍微小题大做一下，让成员感受到自己的真心，往往会起到意想不到的效果。

- 这次调动是一次人事提拔，希望你能更好地发挥自己的才能。
- 新部门非常需要你发挥所长，只要你努力就一定能行。
- 无论如何都想让你加入到我们团队中来，所以即使你们商品开发部的部长不想放人，我还是硬把你给要过来了。

就算成员要去从事的项目规模很小，我也会与每个被调动的成员进行直接沟通。特别是当被调动的成员是年轻有为的青年员工时，我一定会告诉他们“这次提拔是因为觉得你很有前途”，并告诉接收的团队“即将被调来的同事是团队的王牌人物，希望大家多多关照”。

这些话并不是随便说说。在成员刚刚加入团队的时候，领导就向他说明“团队为何需要你的能力”，这对领导而言是一项非常重要的工作。成员得知自己来到这个团队的原因之后，希望得到别人认同的心理得到了满足，就会更愉快、更干劲儿十足地投入到新工作中。虽然可能有些人认为这不过是一些“客套话”，但应该没有人会不喜欢听。

如果觉得“人事提拔”这个词组说不出口，也可以这样随口一提：

- 这个团队可是群英荟萃呀！
- 看，我们团队的王牌来了！

在首次团队会议上，领导不经意地这样随口一提，也许会收到意想不到的效果。

7

不要“积攒”负分

比起表扬成员，批评成员更需要勇气，不少领导对此会以说不出口、害怕被讨厌、招致麻烦、破坏团队氛围、存在年龄代沟等各种理由推脱。

领导踌躇犹豫的心情可以理解，但该批评就得批评，不能将批评积攒下来。领导积攒对成员的不满没有任何好处，最好一发现成员有需要批评或提醒的地方，就立刻告诉他。

很多领导觉得“还是等到忍无可忍的地步再说吧”，但是这种忍耐往往收不到任何回报。

领导只有明确指出成员现有的不足，才便于成员马上改正。其实很多成员内心也期望领导能够尽早指出自己的不足。有时领导会发现，成员存在的不足是基于自己的某些误解，稍微提醒成员一下，他便会改过来，这样就避免了一些不必要的批评。

另外，领导也是人，如果心中的怒气一直得不到宣泄，就会形成一定的心理负担。而时间越久，批评的话就越难说出口，这只会不断加深彼此之间的芥蒂。如果负面情绪肆意滋长，可能会演变成情绪的大爆发，进而导致更大的麻烦。

因此，领导要避免情绪化，尽早与成员沟通，循序渐进地指出他的不足之处。

8

必须告知成员“批评的理由”

领导在批评成员时，必须要有明确的理由和目的。领导不能情绪化地随意批评成员，领导批评成员的目的应是为了促进他们的成长。

在批评成员时，领导内心的独白应该是“我是为了让你成长才批评你，指出你的不足才能更好地激励你”，批评的话语中更应包含领导对成员的殷切期望。但如果不能对成员明确表达这一点，他们往往难以感受到领导的期望。尤其是一些不擅长批评的领导，由于常常不能将自己的心意传达给成员，反而会被大家误认为是一个乱发脾气的、情绪化的领导。

领导要做的不仅是批评成员，他还需要站在被批评一方的立场，思考成员希望领导用怎样的语言和方式批评自己。同时，在批评成员时，领导要尽可能地把批评的理由按照下面的方式，用简明易懂的话告诉成员。

（1）确认对成员未来的期望值

- 你现在从事的是这样的工作，我希望你能够在工作中发挥出这样的能力。

（2）让成员认识到现状与期望值之间的差距

- 然而，现在你没有全力以赴投入到这份工作中，而把时间用在了其他事情上。虽然我觉得你已经很努力了，但现在的你与团队里那些'不可或缺'的人之间还存在一定差距。

（3）让成员思考如何缩小现状和期望值之间的差距

- 我真正想让你做的是非你不可的事情，希望你能认真考虑一下如何在这方面的工作上下功夫。

领导掌握了以上3点（批评的3个阶段），就能够让成员反思自己应尽的职责。只有认清他人的期待和自己理应达到的目标，成员才能更容易地认识到现在的自己与期望值之间的差距，从而更好地反省和改善自己的工作方式。

即便是拼命三郎般的成员，也会偶尔出现目标和手段本末倒置，从而偏离航向、远离目标的问题。在这种情况下，领导需要在批评中让成员意识到其现状与期望值之间的差距，引导成员回到正轨。

需要注意的是，被批评的一方，在期望值不明确的情况下，会对具体的工作方式感到不知所措，甚至失去工作积极性。

此外，批评成员最大的问题在于成员不能接受批评的内容。在这种情况下，无论花费多少精力，领导都要努力与成员进行沟通。如果当天沟通不成功，就改天找时间再谈，这一点无论如何也不能妥协。

9

对“抗压能力差的人”要先扬后抑

对于上文所提到的3点批评方式，如果领导能够根据不同的对象，在不改变批评目的的情况下，变通地使用方法和表达方式，就能收到意想不到的效果。

例如，每个团队中总有一两个抗压能力差的人，他们一旦受到批评，就容易消极怠工。对于这类成员，如果完全按照之前说的3点批评他们的话，恐怕他们会一蹶不振。抗压能力差的人大多自我认同感比较低，缺乏自信，所以批评这类人的关键在于在3个批评阶段中加入能够提高成员自我认同感的要素。

（1）确认对成员未来的期望值+肯定目前成员的长处

- 我知道你的技术能力很强（干劲儿很足），这是你的强项对吧？

（2）让成员认识到现状与期望值之间的差距 + 明确表示成员具有达到期望值的潜质

- 只要你拼尽全力就一定能够达成目标，但就你目前的工作来看，你并没有百分百发挥自己的能力，最多也就发挥了六成左右。
- 你现在的工作方法，让你本来的能力得不到认可，从而失去了很多机会。

（3）让成员思考如何缩小现状与期望值之间的差距 + 必要的指导

- 不管是公司还是领导，都希望你的能力得到最大程度的发挥，所以我们必须要解决这个问题，对吧？

正如我们前面提到的，从根本上说，发挥长处比克服缺点更有效。但当缺点成为发挥长处的绊脚石时，我们就必须克服缺点。在认同“长处 = 能力”的基础上，指出“缺点 = 做不到的事情”，这种批评方式往往能收到不错的效果。

对于抗压能力相对较强的优秀成员，跳过（1）、（2）两个阶段而直奔（3）阶段的批评方式也十分有效。

- 你认为你的强项发挥到现在这个阶段就可以了吗？你在这方面应该是公司数一数二的人才，我也是这么期待的，但为什么现在只能做到这种程度呢？

这种批评方式——指出成员没有完全施展自己的长处，能够让既有技术、又有自尊心和干劲儿的成员感到“虽然自己被领导批评，但心情还不错”。

10

批评之后要善于发现并表扬成员的“进步点”

我本人可能属于神经比较大条的人，既不会觉得“刚批评完他感到有点难为情”，也不会考虑“发火之后应该保持紧张感，暂时不能跟他说话”。

我恰恰属于那种会把正式讨论、面谈与日常生活完全分开的人。前一秒还和对方唇枪舌剑，走出会议室后却能够和对方谈笑风生；前一秒还在批评成员，下一秒可能就主动跟对方开起玩笑来。

但是，这种后续关注也不过起到了“聊胜于无”的作用。无论是开玩笑，还是装作什么都没发生过，都算不上是真正意义上的后续关注。

既然成员是因为工作上的事情受到批评，那么当他能够圆满完成工作时，就应该认真表扬，这份真挚才是真正意义上的有效后续关注。

领导往往很容易注意到成员“没有做好的事情”，小到成员迟到，或总是在最后一刻才整理好资料，大到成员无法拓展新客户，或在项目计划的最后关头掉以轻心。对于这些有关成员没有达到期望值的事情，领导都会看在眼里。但是，当成员最终完成某一目标时，却鲜有领导能够注意到。

我也是如此，经常忽略成员已经做到的一些小事情。“会议资料要提前一天准备好，不然就会影响会议的质量。上次、上上次也是开会之前 5 分钟才准备好资料，这样子不改是不行的！”

在对成员进行如此严厉的批评之后，下次开会时，我看到他在前一天就把资料备齐，可能也只是轻轻点点头就算了。在此，我自省之余亦想提醒大家，这种不经意的“漫不经心”对领导来说是大忌。

- 这次你在开会前一天就把资料准备好了，做得真不错！

找到成员的“进步点”并加以表扬，才算得上是“批评之后的后续关注”。

“开拓新客户”这种大课题并不是一朝一夕就能够得到改进的，但倘若领导就此放任不管的话，成员更难以获得成功。这种情况更需要我们运用之前提到的“从成长的角度进行表扬”的方法。

- 虽然现在做得还不够，存在不少问题，但已经非常明显地看到进步了，比之前好多了！

对成员的一些成长征兆，就算非常细微，也要立刻加以表扬。如果担心自己忘事，可以充分发挥“交流笔记”的作用。领导可以通过笔记确认自己之前对成员提出过的要求，批评成员的理由，重新回忆之前忘记的事项，以便下次开会的时候再次提出来。领导只有掌握了成员进步的程度，才能更好地促进他们的成长，进而建立与成员之间的信赖关系。

将自己对成员的关注传达给成员，可以说是领导的一大使命。

我喜欢给成员写点东西（正因为当下是一个手写书信不断减少的时代），哪怕是一张留言卡片。

成员人数较少的时候，我通常写一些普通信件。但由于最近公司人数增多，我一般会把适合成员的、独一无二的四字成语，写成卡片送给他们。如果你的团队只有 5~10 人，写信应该不会费很大工夫。

想要获得成员的理解和信赖，并不需要做一些花哨的事情。正如我们在本章里所讲的，它取决于领导在一些人人都能做到，但是需要费一些力气的地方花了多少心思。

我认为，这决定了团队能否取得胜利。

11

故意制造紧急状况

对于太过依赖领导的团队，需要采用刺激疗法，必要时可以创造出一种"如果再不做点什么就会大难临头"的紧急状况。

其中最有效的方法，就是制造出一场"领导不在"的紧急状况。

- 不好意思，我参加不了下周的会议，拜托大家了！

一个我从创办伊始就参与其中的项目下周有一个关键会议，我却故意在那个时间段安排了出差。以往我在出差时，如果公司遇到麻烦，我立刻就飞回来，但这次我却故意放任不管。

成员如果一直听从领导指挥，容易养成凡事等待领导指示的惯性，从而丧失自我思考的能力。但当他意识到这次等不来领导的指示，他就不得不想办法思考对策。

相信各位都能明白，选择"消失"的时机非常重要。如果不慎搞错了时机，撒手不管的话，可能会引发混乱不堪的局面，进而导致难以估量的后果。

找出恰当的时机（既能让成员产生“领导不在”的危机感，又能让领导在失败时及时挽救局面），这虽然不是一件轻松的事情，但值得一试。

如果团队中有成员虽然具备成长的潜质，却并未将其充分发挥出来，这时领导可以选择部分性地“消失”。

例如，领导和成员一起外出与客户面谈，这时领导可以适当找个借口不去。现在假设领导和成员约在客户公司的前台会合，领导在约定时间的前十分钟悄悄地给成员打电话，告诉他，“不好意思，我现在暂时走不开，可能会迟到20分钟。在我到之前，你先开始介绍吧。”然后在咖啡店打发一下时间，让成员自己想办法……这种方法也是可行的。当然，一定别忘记事先告知客户自己会晚到一会儿。

对于有些忐忑不安的成员，要鼓励他们，“这份资料就是你做的，你肯定能行。”领导在采取这种方式时，要让成员清楚地知道他之后也会到场，这一点可以起到辅助作用。

我曾经多次尝试这种做法，结果在大多数领导不在的情况下，成员也都能顺利完成任务。

实际上，对于有能力却没有机会发挥的成员来说，他们需要的是成功的感觉。领导过于努力，事事都亲力亲为的话，反而会导致成员将原本能做好的事情搞砸，以及明明自己一个人能做好却习惯性地依赖领导等状况。

形象一点来说，这就好比给初学骑车的人去掉自行车上的辅助轮。小孩学习骑车时，如果没有辅助轮的话，通常会让爸爸在后面扶着自行车。小孩总会对爸爸说“千万不能撒手”，爸爸则一边答应着“不撒手、不撒手”，一边悄悄地把手放开。大多数小孩在爸爸放手之后，都能骑得很好，并且一旦自己学会之后，也不会感到害怕。一个人获得的学会了骑车的那种切实感受，是迈向全新挑战的第一步。

12

依靠“对症下药”的方法无法培养成员

在思考“表扬方式”和“批评方式”的过程中，我渐渐意识到，领导的工作并非西医的外科疗法，而是中医改善体质的疗法。治病并不能完全依靠“切除病灶”；要真正改善体质，需要的是长期不间断的切实治疗。

从“不能完全对症下药”这点上来讲，领导的工作也与中医十分类似。

例如，一个优秀的销售负责人如果抱怨会议时间太长，没有时间专注于自己的本职工作，以至于销售业绩停滞不前的话，那么让他不用出席会议并不是最好的解决方案。之所以这么说，是因为不出席会议虽然在短时间内可以增加他外出拜访客户的时间，却会令他失去在会议中与其他团队进行交流，获得新鲜感和归属感的机会，这会导致其销售业绩进一步下滑。

领导倘若认为开会没有必要就随便把会议砍掉，那么在消除开会弊端的同时也会失去开会能带来的益处。

之前有一个团队成员因为自己忙，为了节省时间便决定不参加团队的集体午餐。因为集体午餐不强制成员参加，我就接受了他的请求。结果这让其他团队成员觉得他自命不凡，大家认为他变得以自我为中心，不把团队的事情当成自己的事情。

这件事的症结在于，我并没有看出该成员为什么会有"不参加团队集体午餐"这一想法。他本来是一个重视团队合作，与大家关系密切的人，突然拒绝参加集体活动，其原因可能不是没有时间，而可能是他家里有事情，或手头紧张，没有多余的钱在外吃饭。大多数情况下，在任何事情的背后都可能隐藏着与"症状"表现不同的"病原"。

单纯依靠对症下药，即便能够治疗某一症状，也不能改变病人体弱多病的体质，反而有可能使病人产生越来越强的药物依赖性。因此，对于员工我们不仅仅需要治疗某一症状，更需要采取连续不断的治疗过程，就像中医一样，从根本上改善体质，这才是作为领导的真正职责。

管理团队并不像西医那样有众多的"治疗药物"，而且大多数领导也缺乏人事调动和解散团队这种"外科手术"般的权限。关于如何促进成员的成长这一问题，我希望本章所介绍的方法可以为大家提供一些借鉴。

第6章 “重建”的秘诀——打破成员“屡战屡败”的惯性

0

将屡战屡败的团队打造成常胜之师

团队刚刚组建，我初任领导的时候，常常会因未知因素而感到迷茫。其实，换个角度来看，未知因素越多，就意味着可以随心所欲的“空间”越大，这也是我在创业初期常常斗志昂扬的原因所在。

对领导来说，真正难以管理的是成立一段时间之后，处于“懈怠期”的团队。

团队成立以来，既没有做成惊天动地的大项目，也没有做出惊人的业绩。不仅如此，制订的项目计划也是千篇一律，销售额甚至在一点点下滑。

这种懈怠期不只出现在销售团队中，有很多管理团队中也存在这个问题。由于成员构成长期固定，工作内容也一成不变，因此成员的积极性不高，斗志难以提升。

- 这样下去，根本没法打起精神工作。工作内容已经成了纯粹的例行公事。

消极的氛围一旦长期蔓延下去，整个团队的工作效率就会由此下降，团队里的人际关系也会变得非常紧张，进而出现各种“不投缘”的问题，而在各种互相扯皮的过程中，成员难免出现工作失误。

我曾一度兼任过公司某个团队的业务部长。当时这个团队的领导因为身体不适，作为应急处理方案，公司让我来指挥团队。当我接手这个团队，看到团队的情况时大为震惊。

与其他团队相比，这个团队毫无积极性可言。它连续 10 个月未完成目标，完全是一支“常败之师”，从成员脸上的神情到整个团队的氛围，全是一片死气沉沉的景象。业务部长眼看着在团队中弥漫着的负能量，难怪身体被累垮了。

重整屡战屡败的队伍，将在商业海洋中风雨飘摇、危机重重的团队解救出来，这也是领导的职责。下面我将与大家分享把屡战屡败的队伍变成常胜之师的方法，以及动员团队成员重建团队、摆脱危机的经验。

1

寻找“有百分百胜算的比赛”

接管上面所说的“常败之师”之后，我首先进行了自我反省。放任问题发展到这一地步，是作为社长的我的责任。我决心一定要想办法解决这个问题。

对于屡战屡败的团队，无论领导再怎么强调成员个人的优点和理念，成员也听不进去。不断失败的经验使得他们不再相信这种话。如果在这种情况下，领导还一腔热血地慷慨陈词，反而更难以激发成员的工作热情。这样做的话，不但成员无法重振挑战精神，恐怕连领导的所有努力都要付之东流。

我认为，要打破这种局面，首先必须要让成员们体验到成功。然而，一旦团队形成屡战屡败的惯性，就会连很小的事情都难以做成功，更不用说提升销售额和利润这种难度更高的事情了。

经过一番深思熟虑，我决定将这个团队的第一个课题定为“时间管理”。

“规律生活，拒绝无谓加班”，虽然这个要求看上去再普通不过，却起到了意想不到的效果。

当时全公司刚好在进行“管理加班时间”的活动，而该团队的时间管理比其他团队要落后很多。不管有没有工作，大家都在加班，但是连完整的加班记录也没有。对该团队进行一番观察后，我发现成员们缺乏认真完成预先定好的事情这一习惯。如果连好不容易决定的事情都不能彻底执行的话，整个团队的表现自然会受到影响。

- 在上班时间内完成工作，严格按照规定时间下班，在工作时间集中精力，规范工作流程，这几个方面应该在 1 个月内得到改善。

我将目标设定为“这个月加班时间不超过 20 个小时”，并让团队成员彻底执行。与达成营业额和利润相比，按时下班这一初级目标的难度有所降低，因此团队在 1 个月之后就顺利完成了目标。

“看，这不是完成得挺好吗！”我和成员们都为这次成功欣喜不已。由于时间管理是全公司的共同课题，因此我将我们团队认真完成时间管理目标这件事在整个公司公布了出来，这使成员们的成就感倍增。

虽然这次成功体验微不足道，但是对成员们来说，他们感受到了“自己也能做到”的成就感，这本身就是宝贵的收获。重要业务和营销数据的改善也是从这些点滴成功开始的。

在之后重建团队的过程中，团队成员在遇到困难时，都会认定“时间管理是我们团队的强项”，团队由此形成了独有的成功模式——通过时间管理来改善工作方式。

对于屡战屡败的团队，必须要想尽办法找出“有百分百胜算的比赛”并取得成功，只有这样才能以此为起点实现重建。我找到的“时间管理”目标，就是简单却重要的“第一步”。

2

像傻瓜一样
投入到细微的“变化”之中

在屡战屡败的团队中，经常会出现成员懒散拖延，工作效率低下的情况。

任何团队都面临着成立时间越长，新鲜课题就越少的问题。对于之前做过的事情，团队会觉得稍微懈怠一些也并无大碍；对于之前的失败经历（即便这会给客户和其他部门带来不便），团队也不会像以前一样焦急地寻求解决办法，只想着敷衍了事。

作为商业组织，毫无变化、懒惰成性的团队迟早会衰落，也注定与成功渐行渐远。

不管是处于懈怠期的屡战屡败团队预备军，还是已经陷入屡战屡败惯性的团队，都必须要打破固步自封的牢笼。对此，领导必须有意识地制造一些简单而显而易见的变化。

例如，更换座位。

这个简单的变化虽然看上去有些近乎幼稚，却产生了出人意料的效果。

无须考虑复杂的变化，简单细微的变化更容易实现。

更换座位并不是“单纯地换座位”。成员通过搬动桌子，能够重新审视之前的办公用品，扔掉不必要的，留下之前压箱底儿的必需品。对面坐的人变了，空调的风向变了，光线变了，这些细微的变化，共同构成了大环境的变化。

改变目标，改变工作分配方式，改变做法，这些都是非常有效的方法。完全改变目标虽然比较困难，但只要将个人目标改成集体目标，就会收到不一样的效果。除了销售目标外，设定客户反馈数量的目标值也是改变方式之一。改变流程则能够带来结果的变化。

我经常会改变团队的工作分配方式，这也是较大的变化。

- 让之前负责加工品开发的A君负责水果业务的开发，让负责鱼类的B君负责大米业务。

这种变化虽然对于团队没有任何影响，但对个人而言却是全新的工作。

成员会产生新鲜感，“让我负责大米吗？那我得好好学习这方面知识了！”一开始成员可能由于不熟悉业务，从而导致工作效率下降，但挑战新事物增强了他的工作积极性，最终他的销售额超过了换人前的水平。只需要改变一部分成员的分工，就能起到一定效果。旁边的成员看到身边的人被分配了负责大米的新任务，工作起来干劲儿十足，那么即使自己的分工没有发生变化，也会受到感染，重新努力起来。

对于一些固有的做法，也存在多种变换方式。比如说不开晨会，改开夕会；将电子版的日报改为纸质版；从原先成员各自吃午饭，改为每周集体吃一次午饭。

只要想法不是太复杂，就会涌现无限的新主意。怎样在团队中实现改变，取决于领导的想法。

3

将支点放在“成长的征兆”上

屡战屡败的团队往往积累了各种问题，但是领导不能在将问题简单解决后就撒手不管了。如果不能在这点上保持清醒的认识，领导的精神状态很容易受到团队内部负面信息的影响。

正如我们之前反复提到的，屡战屡败团队通常存在一个典型问题，即以“是否投缘”为代表的人际关系问题。团队中时常有成员反映“某某是问题人物”。不仅如此，成员在业务上的不足之处也被其他人悉数看在眼里。

然而，根据负面信息来解决问题，这种方法效果并不明显。我能够理解那种急于想要找到问题原因并加以解决的心情。长期以来，我也曾经是这样的领导。由于过分在乎成员的不满情绪和个人问题，我把大多数时间和精力都花费在解决负面问题上。等我回过神儿来，发现自己连休息日都在想这些团队中的负面问题——“对那个人该怎么办呢？”“为什么那个项目总是进展不顺呢？”

即便我花费了大量的时间，问题也往往得不到解决，甚至原本认真工作的人也开始抱怨，之前顺利进行的业务也出现停滞不前的情况，事情完全朝着消极的方向发展。

终上所述，如果想要打破团队屡战屡败的惯性，相比问题，领导更应该考虑的是“没有问题的员工”，以及“发现团队未来成长的征兆”。

一个团队再糟糕，肯定也有认真工作的成员。即便团队发展处于瓶颈期，肯定也有能够做出一定成果的项目。在这样的团队中，如果领导认为自己放任不管，团队也依然可以一帆风顺的话，那么“成长的征兆”往往就会被忽略。然而，正是在这种积极的信息中，才蕴含着新的机会和巨大的发展空间。

领导要重建团队，就需要无视零碎散乱的小问题，而将精力集中到积极的信息中，努力思考如何才能获得成功，然后再以细微的成功作为契机，为整个团队带来焕然一新的气象。

4

走到团队“外面”

- *到底差多少，差在哪里？*

被负面信号牵着走是一大禁忌，尽管如此，领导仍然有必要正确了解团队究竟输在哪里。

话虽如此，但对团队成员来说，他们无意恶意隐瞒真实情况，只是不想让领导看到自己失败的样子。在屡战屡败的团队中，这种倾向尤为明显，有时候成员甚至连自己都不愿正视失败的事实。

就算真的到了朝不保夕的险境，成员嘴上也绝不轻易言败，大多数人都表明决心：“我一定尽全力挽回！”也有不少人将失败归于“上半年整个经济不景气”这种外部原因。

成员们可能并非有意敷衍，但大部分人在遭遇失败时，往往会想当然地说出自己的想法和意见，这样一来，领导就无法了解事情的真相。

我认为，领导要正确了解真实情况并非易事，需要花费时间去努力。

例如，不应该让成员按照自己的想法制定业绩报告资料的格式，而应该由领导自己来制定。资料格式可以掩盖成员不想让领导知道的事实，如果由领导来制定格式的话，他就能够更好地了解真实情况。此外，为了能够掌握第一手情况，实时了解数据动态，领导需要让团队以最快速度录入数据，并且在每周的固定时间报告最新数据进展。

另外，领导还要经常与除经理之外的现场工作人员谈话，并有意识地创造与外部客户直接接触的机会。

最理想的状态是能够经常观察大家的日常工作情况，了解一同工作的团队的真实面貌。在公司里，我经常会到各个部门逛逛，跟大家打个招呼，也会去配送中心和门店视察一下。有时候，我会从远离总公司工作的外派员工那里听取一些与众不同的意见。

也许真正了解团队真实情况的人，是其他团队的成员和客户这些“外面”的人。因此，想要获得关于团队的真实信息，领导必须亲自“走到”外面体验一番。

5

定期用“俯瞰”的视角观察

“团队屡战屡败是因为成员们没有拼尽全力”，这种想法是出于某种误解。在我见过的屡战屡败团队中，出人意料，居多的正是那些充满工作热情，工作时间长的成员。

屡战屡败团队的问题，根本上在于弄错了应该做的事情和应该做的顺序。“就好比是在快要沉没的泰坦尼克号中，拼尽全力地用水桶将进入船舱的水舀出去”——我经常用这个例子来形容这种状态。拼尽全力的结果不过是苟延残喘，并没有未来可言。

成员拼尽全力地工作，却没有看到成效，即便如此，人们却还在不断地工作下去。在这个过程中，团队渐渐不知道该怎么做才能朝着目标前进，随之也就忘记了目标，迷失了方向。

可怕的是，“忙碌”会给人的内心带来不可思议的充实感。也许大家都心知肚明，这样下去可能不会获得成功。但看着眼前“不断有水灌进来”，人们就会不由自主地设法忙于解决当下的问题。加班到深夜，回家之后觉得今天又努力工作了一天，然后第二天一早依旧忙忙碌碌，久而久之，就会产生自己做了很多事情的错觉，并因此对自己感到非常满意。如果全体成员都处于这种状态，那么在整个屡战屡败团队中，很可能洋溢着令人费解的工作热情。

成员觉得自己已经在拼尽全力工作，肯定不会出现任何问题，内心的不安感也由此减轻了，进而更加痴迷于毫无意义的工作。长此以往，成员就会处于思维停滞的状态，更不可能取得任何有建设性的工作进展。

比起认真思考对于当前重复性的工作是否存在根本解决方案和创新观点，大脑机械地从事眼前工作，这显然要简单得多。人们往往懒于反思，宁愿随波逐流，原因也正在于此。

领导必须要叫停那些思维停滞、不断重复机械性工作的成员。领导自身也要注意，不能明知是错，还抱着“先让成员把能做的做完了再说”这样的想法干下去，结果让自己淹没在无效的工作之中。

领导应该做的是以“俯瞰”的视角来纠正这种做法。要定期以较高的视角，重新审视团队的状况和成员的行为。

由上而下的视角能够帮助我们发现诸多问题。我们也许就会因此放弃泰坦尼克号，找到新的救援船只；或许还会发现比起用水桶舀水，将漏水口堵住并修好这个做法更加有效。解决问题的方法有很多种，但如果我们只知道一味拿着水桶舀水，肯定想不出其他办法。

- 项目现在为什么进展不顺利，我希望大家停下手中的工作好好想想。大家要一起研究一下怎样才能打破现在的僵局。

领导应该通过定期从"俯瞰"的视角重新审视现状，引导全体成员暂时停下来，创造思考的时间，这才能开辟从根本上解决问题的道路。

当然，有的成员可能会对此提出异议：

- 现在太忙了根本没有考虑的时间。
- 没有工夫研究。

当有成员想要通过这种方式，试图维持现有的工作状况时，领导对此要坚决制止。

"再怎么忙着用水桶把水舀出去，救援船只也不会出现的！"要是一直这样无目标地忙碌下去，团队就彻底没救了。

6

发现“掉队的人”，应该首先和他进行“交流”

一言以蔽之，领导的工作在于率领团队走向胜利，但道路肯定不会平坦，也并非所有的努力都会得到回报。有时，领导甚至会面临众叛亲离的艰难状况。

- 我无法跟这个人一起工作。
- 这个团队方针有问题。
- 朝着这个目标努力，感到自己不会有任何发展。

否定团队、言行消极的成员，是引起团队纠纷的导火索。有些人甚至会在会议上恶语相向，与周围的成员争吵，对领导持对抗态度。

这样的成员最终会离开团队的。对于想要成功的团队来说，人员数量的减少会带来巨大的损失。即使成员总数不过是从 5 个人减到 4 个人，对领导而言，由此而造成的负担也比创建新团队更为沉重。

然而，我们可以化危机为机遇。

在这种情况下，最重要的是进行冷静理性的思考，要想出对于留下来的成员来说最佳的问题解决方案。离开团队的成员其言行往往会夹杂诸多个人感情，但领导应该排除个人感情因素，认真思考如何更好地守护团队。

为此，领导需要对“离开的人”和“留下的人”分别展开攻势。首先对于“离开的人”，出于对团队的考虑，第一要务是与他进行“消除内心消极情绪”的谈话，尽量让他在对团队和公司毫无怨言的情况下离开。

领导需要冷静下来，以一种听取建议的姿态，询问打算离开的成员到目前为止的工作优势和不足。之后，要将谈话重点放在“离开后想做什么工作”上。此外，还要拜托他在离开那天，告诉大家自己是因为找到了更满意的工作才离开的。这样一来，剩下的成员也能够积极看待这件事，而该成员在离职后散播原公司消极信息的风险也被降低了。

对于“留下的人”，要让他们意识到这次危机正是一次绝好的机会。而最为有效的方式，就是具体告诉他们为了填补空缺，留下的 4 个人要接受全新的工作内容；同时，如果每个成员不能继续成长，就不能完成目标，但是，只要我们的团队以这次危机为契机开始努力，就一定能够达成目标。

当然，领导绝对不能对离开的人说三道四。领导若在此时口出恶言的话，会带给成员一种“领导在背后是不是也这么指责我”的不安感，这会给整个团队带来不良影响。

由于成员的不和或掉队从而令公司陷入深刻危机，这种情况对于领导来说虽然很严峻，但也是不可避免的。领导如果处理不当，就会使团队陷入土崩瓦解的境地。但同时，这种状况对成员和团队，以及领导来说，也可能转化为很好的成长机会。

7

通过活动实现视觉化

很多团队经历过屡战屡败的惯性缠身后，要想从根本上重建，往往需要相当长一段时间。在完全摆脱停滞期之前，为了不让成员半途而废，可以利用一些“表面的课题”动员成员，通过开展活动，提升团队的氛围。

活动也分大小，我一般视情况而定。

Oisix 每半年会举办一次员工大会、公司生日会、年会等公司活动，邀请全体员工参加。

常胜之师自不必说，屡战屡败团队也可以利用这些活动来提高士气。

例如，在员工大会上，我们会向员工传达客户从 Oisix 的商品和服务中获得感动的话语，播放公司外的相关人士给 Oisix 寄来的录像。通过感受客户的喜悦，我们让员工重新认识到了大家的期待，再次燃起了他们的斗志。

在 Oisix 14 周年的生日会上，公司租借了东京有名的增上寺。大家身穿和服，各自准备棉花糖、射击游戏、套圈、打西瓜等传统的摊位，就像真正的庙会一样。除此之外，公司还特别准备了周年蛋糕。

另外，Oisix 每半年会举行一次“MVO”（最具价值 Oisix 员工）评选活动。不管是自荐还是推荐，董事会将从被推选的个人和团队中挑选出几个“优秀奖”，再由全体员工投票从中选出近半年内的最优秀奖。例如，“2014 年度上半年 MVO”就颁给了由各部门联合组成的“不良品改善团队”。

在公司全体员工的翘首期盼之下，获奖者会在 MVO 的公布活动上公开亮相。获得最优秀奖的员工，除了会得到奖状和奖金之外，还要将香槟王倒入香槟塔举杯庆贺。另外，获奖团队的照片也会被裱入相框，悬挂在公司的前台，这也是视觉化的环节之一。

活动越小型，越能发挥每个团队的特色。哪怕是团队成员的生日会，或者庆贺某个成员新婚的庆祝活动，都能够发挥这种功效。

从以往的经验来看，在纪念日积极开展活动，最容易形成“团队习惯”。即使领导没有指示，没有出资赞助，只要领导带头举办了第一次，就相当于告诉成员“可以这么做”。只要有了第一次，之后的活动就可以完全放心交给成员了。

在 Oisix，每年到了万圣节那天，大家一早就装扮好来上班。这也是员工们自发性的活动，就算没有公司的支持，他们也玩得很开心。

关键在于，无论多么微小的事情，都要从中发掘积极的因素。没有必要将所有的活动都集中在一起，将活动分散到每个日子里，就能够让大家持续享受到欢乐的集体氛围。

在此之上，公司偶尔举办像节日一样隆重的大型活动，可以起到燃点的催化剂作用，令积极氛围升温。屡战屡败的惯性可能就此消失不见了，而原本就积极向上的团队会更加充满活力。

第7章 “成长”的秘诀——领导与成员共同成长，取得成功

0

为了不断取得成功，要通过两个思维实验来自省

作为团队领导，引领团队走向成功，促进成员成长是其重要的职责。另外不可忽略的一点是，领导自身的成长也很必要。

- 为了达到更高远的目标，自己应该成长为一个什么样的领导呢？
- 要怎样管理才能让团队不断取得成功？

我经常扪心自问，思考领导应该如何实现自我成长。

我总是通过两个思维实验来寻找答案。

思维实验一：“如果我即将被聘为 Oisix 的社长，我要做些什么？”

思维实验二：“如果 Oisix 变成由别人经营的公司，而我担任顾问的话，要向社长提出哪些建议或者提醒？”

无论哪个实验，都是以“他者视角”来进行思考。如果领导能够这样用心客观审视的话，就很容易找到可改进之处。

如果设想由自己担任人事部长，可以想想该如何评定作为领导的自己；或是站在下属的角度，想象一下下属会不会愿意跟随像自己这样的领导。

当我假设自己为顾问来“反观”自身时，就会发现我做了许多只顾自己、不顾他人的事情，突然间我为自己的所作所为感到羞愧。

另外，“希望作为领导的高岛是这个样子的”——当我站在顾问的角度时，就更容易发觉，自己的现有能力与作为领导的期待值之间存在差距。而思考如何缩小差距这一过程，也是我成长过程中的重要环节。

我还会将思维实验稍加改变，把 Oisix 的运作想象成一出舞台剧，并检验自己能否对作为登场人物的自己产生情感代入。

“我喜欢这个角色，真是个好领导”，能产生这样的情感自然最好不过，但往往，人们都难以做到情感代入，而是批评角色不够坚毅、优柔寡断、弱点外露无遗等缺点。而这些批评，恰恰就出于人们从客观角度对自己的审视。

领导的职责在于给团队分配任务，并扮演好领导的角色。既然从某种程度上说领导是演员，那么演员本身的性格同角色并无关系，他只需根据剧情需要彻底进入角色即可。

- 我想要成为这样的领导。
- 作为领导我想要这么做。

你也会产生各种各样的感慨吧？然而，作为领导，只有暂且将个人情绪抛在一边，首先履行角色所要求的职责，才能走向成功。领导自己不能随心所欲，而是要尽到作为领导所应尽的职责。

无论你在努力扮演的是何种角色，都不必担心，因为它都会带上你独特的风格。

不仅领导工作如此，其他工作也莫不如此。运营的工作有运营在做，专家的工作也有专家在做。

而领导的工作却在不断变化。前进之路崎岖坎坷，安于现状绝难成功。必要之时还需要调整战略方向。

简单一想也不难明白，经济景气、销售增长时期所需要的领导与经济萧条、人心不安时期所需要的领导必然不同。

成功带领 5 人团队的领导，慢慢会带领 10 人、20 人的团队，到那时，带领 5 人团队时的一套经验可能就会完全失灵。

领导的职责会随着时代背景、环境、经济动向、团队水平及其他各种因素而不断变化，而一味固执己见的领导终将被时代抛弃。

所以，领导站在高处客观审视自己和由自己带领的团队，这一点非常重要。想要成长，领导就必须经常思考自己目前追求的目标到底是什么。即使领导如明君贤主一般，如果无视现实需求而一意孤行，也终将失败。

在团队中，如果领导做不到及时调整、不断成长，就难以发挥领导的作用。而一个没有领头羊的团队绝无成功之可能。作为本书最后一部分，这一章将总结一些关于领导自身成长的秘诀。

1

了解“自己的局限性”

在为自己团队领导的处境而厌倦痛苦的人中，有着“与其依靠团队，不如自己单干”想法的人恐怕不在少数。

这类人大多都是优秀的个人选手，而几乎所有组织都会选择优秀的个人选手担任领导的职务，所以才会有那么多人受困于上述烦恼。

成为团队领导，就意味着要面临与此前单打独斗时完全不同的挑战，如果领导还不改变战术的话，就难以带领团队走向胜利。

因此，虽说有些矛盾，但做领导的第一步就是要了解“自己的局限性”。

说来惭愧，我也曾误解过自己的局限性，从而造成了难以想象的误会。我也是通过不断试错才逐渐成长起来的，我了解到，不，是慢慢才了解到团队领导的职责和团队的魅力的。在此，我想和大家交流一下我的故事。

Oisix 成立后，曾经历过一段销售低迷的痛苦时期。

“再不靠宣传来打破困境的话，业绩将更加糟糕，但如今预算不足，我们只能在网站上通过更多的友情链接来扩大宣传了！”我们向各种网站的管理者发出添加友情链接的申请，希望读者通过友情链接访问到 Oisix 的网站，从而提高订单数量。

这件事听起来并没有什么了不起，实际上也不过是项非常不起眼的工作。团队成员从网上逐一检索关于食物的网站，满怀热情地写申请邮件，想通过这种方式同对方建立联系。可只要对方没有回信，就不会有所谓的开始。

而我却想从这项不起眼的工作中挖掘出乐趣来。我发起了一个“全公司友情链接日”的“比赛游戏”，安排员工分别负责搜索幼儿园儿童的父亲、育儿期的母亲、与美食相关的博客……全体员工要在一天内检索网站，并发送友情链接的申请邮件，获得最多友情链接的员工取胜。

- 我会请优胜者吃饭，想吃什么随便挑！

我许下承诺，公司一下子沸腾起来，连同我在内，大家纷纷采取人海战术。经过尝试，大家都取得了相当不错的链接数量，所以之后我也多次采用了这个办法。

这件事就如同点燃团队成员斗志的大会战。实际上，我还学到一点，那就是只要用心去做，就可以令单调的工作变得生动有趣，从而提升团队的表现。

然而，我同时还了解到，一个人单打独斗具有很大的局限性。

我是一个特别争强好胜的人，不管做什么事情，一旦做了就想要赢得成功。就连我们去合作农民家里比赛挖土豆，我表现出的拼命三郎的样子也令公司员工大吃一惊。

所以在“友情链接日”活动中，我放出豪言壮语，立志夺魁，自己请自己吃饭，也好让下属看看我的厉害。可没料到，我一次都没有取胜。明明我感觉自己已经掌握了快速点击和搜索网站的要领，却要么被员工打败，要么被实习的学生赶上。抱憾得个第二第三也就算了，我甚至有过倒数第二、倒数第三的惨淡败绩。

- 我还以为自己是个全能选手，没想到还不到平均水平……

发出友情链接的申请邮件不仅仅是“不起眼”的事情。所谓工作，就是由大量这些“不起眼”的日常业务构成的。

而且，这些日常业务中常常混杂着自己擅长或不擅长的事情，无论如何都难以做到以一顶三。

- 经过这次失败我才明白，说自己是全能选手实在是过于自负了。

对这一点，我可谓有了切身体会。在了解到自己的某些能力和资质属于中等偏下水平之后，我才迈出了作为领导的第一步。

我切身感受到，所谓的领导职责，就是要“一心一意建设团队，思考如何最大程度地激发团队的力量”。

2

懂得“团队的胜利 = 自身的成长”

那些参加比赛或演出的选手，大多认为“自己的成功 = 自己的成就”，特别是一些工匠型选手，他们独自承担工作，努力奋斗，希望自己能够做出一番成果。

对于这样的人而言，很难让他觉得“团队的成功 = 自己的成功”。他们的行动和视角都只局限在“自己的工作”上，所以当别的团队成员做出成果的时候，他们即使加以赞赏，也不过抱着一种与己无关的态度，不会产生“因为大家同属一个团队，伙伴的成功也是自己的成功”这样的想法。

然而，一个人再怎么努力，终有力不能及之时，这可谓是那些明明很优秀却难以获得惊人成长的“工匠型选手”的悲剧。

从严格意义上讲，只要一个成员属于公司这个团队，就不存在所谓的“自己的工作”。因为所有的工作都是以公司的名义得来的，需要使用公司的系统和资源才能得以完成。

即使开发新商品只需要依靠一个人的创意，但商品的研发、经营、销售等业务都需要大量人手来运作。在公司里产生的所有工作，都属于“团队的工作”。

一旦成为团队领导，就要把所谓的“工匠精神”抛个一干二净。一个人如果只关在自己的小世界里，是永远体会不到团队成功的喜悦和感动的。

领导的工作就是要带领团队做出一番成就来，而团队的成就如何取决于如何领导。成员的表现就是领导的表现，对部下的表现不满无异于对自身的表现不满。

- 我明明都说过好多次了，可为什么我的右手就是不听我的使唤？
- 为什么食指在关键时刻总是发挥不出作用？

这样的话，再怎么说也没用。

如果我转变思维方式，转而将团队比作人体，而领导是人体的大脑，就会释然很多。虽然偶尔也会忍不住发些牢骚，但基本上，我都能够意识到成员的所作所为都源自领导的所作所为这个道理。

这种想法绝非一无是处。当右手熟练弹奏出难度很高的曲子时，应该没有人会认为这全是右手的功劳，和自己无关吧！

团队成员就相当于这只右手，没有领导这个大脑的工作，右手就不可能取得业绩。工作也是这个道理。

取得成就时首先应该表扬完成目标的团队成员，但接下来，也要悄悄地、好好地赞赏下作为领导的自己，“指导这个人成功的是我，他的成功也是我的成功”，所以值得高兴一番。

铭记成功带来的欣喜，也有助于提升管理能力。

另外，也没有哪只右手可以随心所欲地弹奏，因此当右手失败时，作为大脑的领导也难逃其咎。话虽如此，失败是挑战全新事物时常有的结果。可以说，摸索尝试也算得上只有领导才有的特权，即便结果是失败的。

- 领导要懂得“取得成功不是自己一个人的任务，也不是自己一个人就能完成的任务”。
- 领导要明白“团队成员的成功就是团队的成功，团队的成功也是领导自身的成功”。

只要了解这两点，就能掌握大脑中枢式的领导方法，从而实现自身的成长。

3

考虑问题要做乘法，不做加法

- 只要我努努力，团队的成绩应该会有所提升的。
- 每一个人都要发挥出 3 个人、5 个人的价值！

过去意气风发的我也犯了典型的领导失误。

当时为了达成数字指标，我一直认为只要自己加把劲儿，就一定能够做到。

我过去一直抱有一个执念：一到关键时刻，作为领导的自己就要用实际行动来提升业绩。我甚至抱有“只要我想，就能做出团队成员几倍的成绩”这一十分幼稚而自负的心理。

我之所以如此有信心，原因固然复杂，但这种“大将出马，一个顶俩”的思维模式实际上从理论上就站不住脚，这一点用小学水平的加减乘除计算就足以得到证明。

某日深夜，在公司伏案工作的我有些疲倦，心不在焉地开始“打起算盘”来：

- 每一名员工都有一份价值，假设作为领导的我能创造出两份价值，一个有5名成员的团队，总共能够创造出多少价值？

（5名成员 ×1份价值）+（1名领导 ×2份价值）=7份价值

这样计算的话，6个人一共7份价值，比总人数要多增加一份价值。但是，如果一个团队有10名成员的话又会如何呢？

（10名成员 ×1份价值）+（1名领导 ×2份价值）=12份价值

这样一来，11个人一共能创造12份价值。团队人数几乎倍增，可价值总量仅仅增加了1人份。这意味着，如果想要价值的增加比例与人数相同，我一个人就必须创造出4份价值才行。

假设我拼死拼活创造出4人份的价值，可一旦团队人数再次增加，我就不得不继续成倍创造价值。可人毕竟是人，时间始终有限。事实上，那时的我已经在夜以继日地工作，真真切切感受到自己已经到了极限。

- 比起自己单打独斗，调动团队里每一个成员的能力难道不会更有效吗？

此刻，我意识到了这一点。

即便很难让团队里的每一个人都发挥出两个人的作用，但让他们每个人多发挥出 10%、20% 的作用，这并非不可能。

（团队 10 名成员 ×1.2 人份价值）=12 份价值

当全体成员都创造出 1.2 倍的价值时，不必加上我创造的那份价值，这就已经与我努力创造出的 2 倍价值效果相当了。而团队人数越增长，这中间的差距就显得越大。

- 既然成为领导了，首先就必须是一名优秀的成员。
- 要想提升数字业绩，领导首先必须自己努力。

很多领导都表现出这样的热情和自信，这绝非坏事，只是，再怎么优秀的个体最多也只能创造出 3~5 倍的价值，10 倍无异于白日做梦，而 100 倍则是“惨绝人寰”了。

- 充分挖掘出每一个人的能力。

一个简单的计算，就令我认识到自己的局限性和作为领导的职责。

4

问问自己“为了什么而分派任务”

一些在成长路上举步维艰的领导有一个特点，就是不懂得变通。他们往往众口一词，说自己尤其不擅长“分派任务”。

我也不是一个擅长分派任务的领导，因此只能稍稍“纸上谈兵”。从我的各种尝试和思考的结果来看，那些不擅长分派任务的领导们有一个共同点，就是并不清楚把任务分派给别人后，如何打发空闲下来的时间。

重点并不在于分派任务本身，而在于“为了什么而分派任务”。领导一味思考“不管怎样，都必须把任务分派出去”“应该再多下放一些权限”，从而“想当然”地把自己的工作也强行分配给员工，这种做法导致处处碰壁也在所难免。

这时我们不妨溯本求源，按照图 7-1 对工作进行分类研究。

对于领导来说，当有工作被划分为 c 类时，即便领导对 b 类工作已经做得比较顺手，也要把它交给团队成员，或是将 a 类工作进行优先排序，找出不需要领导也能胜任的工作，把权限下放给成员。当领导忙于眼前工作，难以认真处理其他待办的重要工作时，可以考虑重新评估工作，逐渐将工作委派给团队成员。

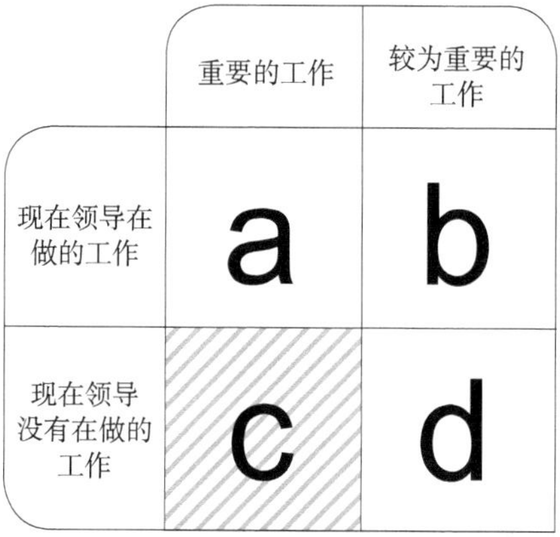

图 7-1　领导工作分类

另一方面，过去的我往往连这种简单的整理都不做，直接将工作分派给下属，因而遭受过多次挫败。有时我只顾一味分派工作，结果自己的时间一下子空下来不说，分派出去的工作效果也大打折扣。留出空闲时间思考下一个挑战，虽说这是领导的重要工作，但强行把工作分配给下属也有可能酿成大错。

领导缺乏分配工作的理由时就无需分配。比起尝试新工作，如果保证现有工作得以顺利完成更为重要，就无需进行权限下放。像这样，从容思考一个领导究竟最应该做的是什么，不就是很好的方式吗？

5

总结推广成功经验

领导每天都要应付各种各样的工作。分配任务，勾画蓝图，设定目标，制定作战方针……领导还要观察员工，及时对他们进行批评或褒奖。

这样的领导行为，有时会取得不错的成效，有时则会招致不好的结果。但不论取得哪种结果，其中都有许多值得我们学习的东西。

不过，人终归是一种健忘的生物，虽然也会在结果分晓之后分析得失，但常常在还未能总结出经验教训时就已将其抛诸脑后。

- 在行动失败时，要思考并归纳失败的原因。
- 在行动成功时，要总结成功经验并铭记在心。

这样一来，领导手上才会增加更多筹码，以备将来不时之需。我们同时建议领导可以充分利用时间，将这些经验制度化。

第 2 章所提到的笔记就是我的基础工具，上面持续记录了员工的特质、每次交给员工的课题以及完成效果，并实时更新。此外，我还将每一个员工的个体问题进行了标准化。

在一个团队里，成员们性格不一，各有不同。当畏惧挑战的 A 君听从我的某个建议而发挥出色时，我就将其记录下来，总结成一个成功案例。下次再想要提升其他畏惧挑战的员工的工作表现时，就可以拿这个案例作为参考。

当这一方法不再奏效时，再找一个其他方法，并总结经验，将其标准化。这样再次指导有类似问题的员工时，领导手上就有了两套方案。长此以往，团队领导的领导能力不断提高，自身也获得了成长。

我们可以每半年将可以实现标准化的内容进行总结整理，并分享给其他领导。

现在的 Oisix 正处于震荡发展的时期，比起照搬过去的某套经验，各个团队之间彼此借鉴经验可能更为有效。

6

向上司求助的内容要具体

- 销售额无论如何就是提不上去，要怎么办才好呢？

领导也是人，遇到挫折时也会希望得到他人的帮助。上司和其他部门的老领导们都是他们寻求帮助的对象。

然而，本小节开篇的提问方式可以说是“绝对不能采取的求助方法”中的典型代表。

当下属同自己商量如何提高销量时，上司会怎么回答呢？

- 再在促销上下些功夫如何？
- 可以研究一下其他竞争对手的做法。
- 能不能在管理方面让你的团队提高士气？

不难想象，你也许会从上司那里得到这样的回复，想必不少读者听到后也是“心有戚戚”吧。

坦白来说，这些建议对领导来说简直就是雪上加霜。因为这种过于宽泛的建议对领导而言反而变成了任务，成为新的待办事项。领导本就焦头烂额，这时给他们提出“深入研究促销方法”“获取竞争对手的信息”“阅读管理类书籍”等建议无疑又为他们增添了新的任务，并且这些任务大多数都难以应付。更糟糕的是，一旦领导将这些建议搁置一边，又会被上司质问为何不听从他的意见，从而失去上司对自己的信任。

问题的症结在于求助方法。开篇的问题是个开放性问题，但在向上级求助时，开放性问题的风险很大。所以向上司求助的内容一定要具体。

- 我想再提高些签单数。现在预计 ×× 行业比较有希望，您能利用您的人脉为我们介绍一些符合条件的人吗？
- 现在最大的难题是缺乏市场营销方面的人才，能不能为我们投入一些市场营销方面的人才？用人期限只要 3 个月，只要能让他分一半的精力到我们团队就可以了。

该方法最大的好处在于，把需要上司帮助的内容具体化，就相当于把任务委派给了对方。当你同上司说想要他介绍人才时，这件事就转变成对方的待处理任务了。

只要团队领导能够改善与上司协商时的提问方式，就可以在不增加自身负担的情况下自如地动用上司的资源。只要意识到这一点，团队挑战的范围就会不断扩张，这能进一步拉近团队同胜利目标间的距离。

顺带要说的是，在领导同部下谈话时，开放性问题则非常有效，理由有以下 3 点：

a. 即使员工有好的建议或见解，如果他不是直接负责人的话，就缺乏表达的场合，领导也难以听到难得的好建议。

b. 能提升员工的视野，强化员工的目标意识。

c. 能让员工感受到领导对他的依赖。

对于领导而言，他们都能大致了解员工手头的课题，所以大可灵活运用这一方法。

7

吸引优质人才的领导习惯——录用犹如恋爱

大多数情况下，领导的工作在于如何分配团队里现有成员的工作，但偶尔也要招兵买马，为团队增添新鲜血液。

不管是针对校园招聘还是社会招聘，团队领导都很少能在面试时拥有自主决定权，但是在招聘临时工、兼职或者实习生时，面试工作大都由团队领导一个人负责。

此外，在进行社会招聘时，有可能已经有公司各级领导打过招呼，例如，“我们团队需要新的战斗力，能不能把对手公司的 A 君招过来？”

不管怎样，我的想法是“录用犹如恋爱”。雇佣双方彼此吸引固然重要，但彼此合作的时机是否合适更为重要。

两个人相遇后就彼此吸引，但各自都有恋人的话必然难以再起波澜，可如果各自都刚刚恢复单身，可能转眼就坠入爱河了吧。

招聘人才，特别是在招聘社会人才时，虽然一定要让对方感受到 Oisix 的强大吸引力，但更重要的是确定对方是否处于跳槽期。

对方是否在考虑跳槽，要发现这一点并不容易。既有人在项目大功告成之后更加为公司卖命工作，也有人想要鸣金收兵，寻求职业提升或者跳槽；既有人因对一成不变的工作感到无聊而主动跳槽，也有人因不满工作调动而被动跳槽。因此，如何察觉跳槽背后各种不同的迹象就显得非常重要。

Oisix 在创业初期采取了一个策略，就是对其青睐的其他公司的人才建立数据库，由公司董事分别通过定期打电话等方式保持联络。

- 工作怎么样？有意思吗？啊，这样啊，那我改天再打电话吧。

虽然大多数电话都不了了之，但当某天对方在电话里主动询问 Oisix 的情况时，我们立刻判断情况有变，从而会马上邀请他来公司吃个便饭，品尝一下我们的蔬菜和牛奶等产品，然后发动全员说服对方加盟我们公司。

创办 Oisix 时，当时有一位麦肯锡前同事被我千方百计挖过来，但后来他跳槽去了别的公司。我想方设法阻拦他跳槽，甚至还和他一起参加了他目标公司的面试，并一直在私下说这家公司如何如何不好，劝他不要过去。后来，对方公司知道我的真实目的后勃然大怒，但对我来说，留住这名同事比什么都重要。

一旦认定"这个人绝对是我们团队必需的人才"，就算像坠入爱河一样纠缠不休又有何妨?

最近我听闻一名业界评价很高的人才准备辞去他在某家电商公司的工作，就一心想要将他招致麾下。幸运的是，我和他有一位共同的朋友，所以我拜托这位朋友如果有机会和这位人才吃饭，一定要通知我。当然，我打算假装偶然奔赴那家餐厅，以碰巧拼桌吃饭的名义劝说他。

三人"偶然"相遇，继而开怀畅饮，这样的事情重复了两三次之后，这位人才已经成为 Oisix 的员工。

也许，这种做法与其说是热情洋溢，倒不如说是令人讨厌。但碰上自己渴求的人才时，偶尔苦苦纠缠一番也未尝不可。

8

尝试吸收不合群的成员

在公司得到进一步发展，开始考虑首次公开募股（IPO）之时，作为社长的我也不过30多岁，董事成员也全都是些年轻人。

起初，年轻人的能量一直是公司成长的推动力，可到了某一阶段，就会迎来“成长的瓶颈”。

例如在Oisix，因为缺乏专业知识和实践经验，我们在IPO之路上经历了数次失败。

“即使我们缺乏经验，但只要团队齐心协力就没有解决不了的问题。”我们虽然意气风发、踌躇满志，但上市并没有我们想象的那么简单。

在考虑上市时，公司的气氛也发生了一些变化。一直以来，公司员工全都是年轻人，也有越来越多的女性员工，她们在入职时还是单身，后来结婚生子，休完产假后又回到了公司。公司不得不考虑这些女性员工的工作方式，而大多数董事都是单身，常常会加班到半夜，这让女性员工和领导者们都很为难，我虽然心里明白必须要做出改变，但又想不出做些什么才好。

作为创业公司，我们不断地在尝试新事物，因此公司中总会弥漫着一种“不安感”，这也会给公司员工造成一种“身处长期效力的公司，却没有安全感”的气氛。

- 我们需要尽快引进专家了，不然的话 Oisix 团队将很难继续成长。

我和董事们商议，最终迎来了一位年近 60 岁的大荣株式会社（Daiei）前董事和一位 40 多岁的乐天原执行董事，他们作为“教父级高管”加入了公司。

他们对于 Oisix 来说无疑是不合群的员工。但是，团队只有在变化中才能成长；只靠现有的员工和一成不变的工作方式，团队是难以发展壮大的。

你的团队在顺利发展的过程中碰壁时，如果能够引入“和团队格格不入之人”或“拥有团队没有的技能之人”，就能够进一步壮大。

Oisix 招募到新成员之后，离职率大幅下降，并成功上市。

我们完善了以福利待遇为首位的公司体制，休完产假的女性员工几乎百分之百返回公司继续工作。

以这两位新成员为代表，通过聘用这些中途加盟的“不合群”员工，Oisix 团队发生了翻天覆地的变化。不仅如此，抓住团队变革的时机顺势引入这些“不合群”的员工，使得其他成员也实现了成长，最终整个团队都得到了长足的进步。

当团队迎来发展瓶颈时，招募些“不合群的员工”吧！为全是男性成员的团队招募一些女性员工，为全是 30 多岁成员的团队招聘一些应届生，为程序员专业团队招募一些完全不懂程序的设计师等，方法可谓多种多样。

9

以领导的领导为目标

当率领的团队规模发生变化时，领导的职责也相应发生了巨变。这是因为领导成长了，所以他能够率领更大的团队，还是因为领导率领了更大的团队，所以自身也得到了成长呢？这似乎是一个先有鸡抑或先有蛋的问题，但不可否认的是，领导自身确确实实发生了变化。

组织内最小单位的设置方法取决于公司和组织的架构方式。本书将组织的最小单位设置为 5 人以内，并一一确认之后的各个阶段和相应的领导职责。

阶段一：5 人团队——成为队长般的领导

队长也是要上场比赛的。在成员等于或少于 5 个人的团队中，领导要亲力亲为，起到模范带头作用。哪怕队长不过是告诉大家照着自己的样子做，也有奏效的时候。

队长自身努力工作也很重要。和成员同甘共苦，处处身先士卒的队长才能将团队成员团结在一起。

同时，从队员成长为队长时，必须要有“今后的工作不仅仅是锻炼自己，更是锻炼下属”的意识。

阶段二：10~30 人团队——成为领队般的领导

团队成员的人数一旦超过 10 人，领导角色就由队长转换为领队。如前所述，即使领导的能力是成员的 2 ~ 3 倍，也不会有 10 倍于成员的能力。此时单靠队长拼尽一己之力难以坚持到底，或者即使坚持到底也难有成效，这样一来，领导就必须转变意识了。

从队长转换为领队时，考虑“不做什么”“给谁做”“什么能做”这些问题非常重要。在自身工作内容当中减少选手角色的工作，增加管理角色的工作，是从队长到领队角色转换的必经之路。此外，领导也必须充分发挥个人能力。

不知不觉，在曾经作为队长而奔走在赛场的领队眼中，所有团队成员都是能力不如自己的人。但是，领队的工作是发现并提升各个成员的能力，对每个人所拥有的不同能力进行优化配置。作为领队，可能会发现团队成员并没有自己那样的实力，常有不尽如人意之处，但为了团队的成功，领队还是要发现并发挥各个团队成员的长处。

领队如果不了解每个成员的特性，就难以对成员进行正确的分工。一个人如果没有发现或发挥别人长处的能力，就难以承担领导的重任，或者即使承担下来也会遭遇重重困难。

而对于领队行为举止的要求，也和队长不同。队长面对队员还可以像个普通人一样敞开心扉，表现出自己的喜怒哀乐，例如和团队成员一起同喜同忧，发出“啊，已经不行了”“这个可以”之类的感叹。

但是，一旦领队表现出胆怯或不自信，很快就会令团队成员真切地感受到不安，进而对未来产生怀疑。

一旦成为领队，即使在遭遇重重困难之时也要表现出绝对的信心，不能说自己想说的话，而是要说成员们想听到的话。

阶段三：50 人以上团队——成为主席般的领导

不久之后团队成员达到了 30~50 人，团队领导也成长为主席般的领导，这可是承担着培养领队，即“培养能够发挥成员能力的人”的工作。成为主席，这也就意味着领导和成员直接沟通的机会将大幅减少。

这也关系到一个物理问题。对我而言，我拼尽全力尚能勉强对近 150 人的发言稿进行直接的逐一检查，可人数再有增加的话，我便只能做到理解内容，而非检查内容，更别说以此为根据进行管理或者设定目标了。

如果你担任主席，就多培养几个与当时作为领队的自己能力相当的团队领导吧。在自身与成员的现场交流骤减的情况下，这些领导从现场传递来的声音就变得非常重要。

培养出能够将自己对未来的展望传达给团队中每一个人的下属，这一点对领导来说非常重要。什么样的领队才是好领队？将这一答案传授下去，可以间接实现对团队的管理。

Oisix 有着“部下的进步意味着上司的伟大”的公司传统。处于领队阶段的领导们常常会骄傲地夸赞：“我们团队的 ×× 君，进步神速啊”。而主席的工作，就是要将领队们培养成这样的领导——以提升下属实力、发挥下属能力为荣。

领导成为主席之后，和团队直接沟通的机会减少，自己也变成一种象征性的存在。主席在面向媒体发表讲话或发表文章、向外部传达信息的同时，也在向公司内部传递信息。而我会利用各式各样的机会，告知大家现在的 Oisix 团队正在如何成长。

实际上，不仅仅根据团队人数的变化，领导们也根据工作内容和未来目标的不同，在“队长”“领队”和“主席”之间来回转换角色。成为领导，就必须要完全了解团队的状况和自身的工作职责。

10

不安排比赛的训练毫无意义

最近，不管是作为团队领导，还是作为商务人士，我都感受颇多。

- 一心希望成长的人得不到成长。

在重新思考成长的含义时，我得出了这样的结论。

很多人嘴上总喊着“想要成长”，我也经常被员工问及“怎么样才能成长”之类的问题。

但是，成长到底是什么？

是达成商业目的吗？

我认为，成长是获取成功的手段，而非目标。

我们不应该问“怎么样才能成长”，而是要问“怎么样才能取胜”“怎么样才能把事情做成”。

如此思考才是成长的捷径。当人想要取胜，拼尽全力去获取胜利，为了取胜而浑然忘我、全力思考时，自然而然也就收获了成长。

成长是取胜的手段，若是为了成长而成长，总会遇到天花板。

假设一支队伍志在“成长”，它会每天训练而不安排比赛。但如果一支队伍志在“取胜”的话，它就会为了这个目标而训练，并且安排真正的比赛。在成败在此一举的紧张感中，各个成员都会拼命竞争。由此一来，就算在训练中，大家也会真刀真枪地决一胜负。人们只有明白成王败寇的道理才会如同火场救火般拼尽全力。在比赛的压力中取胜，这不就是成长之时吗？

在你率领的优秀的年轻成员当中，也会有人说想要成长吧？但是，人只有以达成目标、夺取胜利为动力才会成长，而胜利的目标越大，人所获得的成长也就越大。

并且，比起个人的胜利，团队的胜利更加伟大。这一点，相信读者已经心中有数了吧。

比起个人的成长，为了整个团队而取胜更重要，这样的动力是否在每一个团队成员心里扎根了呢？而这才是使得团队成员成长的原点。

当团队领导想要取胜，而团队成员只想成长时，团队既不会取胜，也不会成长，对个体成员来说亦是如此。

将团队和成员的目标都统一为取胜吧！这也会为作为领导的你带来成长的契机。

以上，就是团队获胜的所有秘诀。

结束语

- 如果有人对本书提出的建议全部照做的话，一定会成为一个出色的领导吧！

我重新审视原稿时这样想。

书里确实写了很多很好的建议和方法。

确实如此，这本书除了让人认识到“我已经习得的领导方法”之外，还包括许多“我想要学习的领导方法”。

本书出版之前，我也让公司员工阅读了原稿，他们明确告诉我，“我们已经完全了解了宏平先生想要成为一个什么样的领导了！”

虽然尚有欠缺和不足，但我确实想要成为这样的领导。

而且，我依旧强烈认为，领导力应被认作一种“技术”，而不是“才能”或“人性”。

我自小体弱，又经常转学（幼儿园转学两次，小学转学三次），所以容易被同学欺负，和所谓“与生俱来的领导力”可谓相去甚远。转学后我朋友很少，所以总爱阅读一些历史小说，书里的主人公总是一些“天生的领袖”，这令我心生向往的同时，又暗暗感到自己将来无论如何也无法成为这样的领导。

在这期间，学生时代的我偶然经历了一次团建活动，深感其中的乐趣，并一下子着了迷，认识到了团队领导的价值。从此，我便开始不断在活动中思考“如何完成团队任务”以及“为此如何成为一个好的领导”等问题。

在 Oisix 从创业伊始直至今日的峥嵘岁月中，我通过各种各样的机会积累了大量与团队组建和领导力相关的经验。此外，醉心于“团队创造价值”的我先后参与组建了支援发展中国家粮食供应的非营利组织“TABLE FOR TWO”，致力于震后食品企业支援的一般社团法人“东食会”，以及致力于灾区领导力教育的非营利法人组织“BEYOND TOMORROW”。此外，在政府与民间合作的“东京收获”（Tokyo Harvest）、“东食执行会议”等食品业活动中，我们邀请了社会各界人士参与其中，积累了大量与团队组建以及领导力相关的失败教训和为数不多的成功体验。

通过这些活动，我逐渐领会到“领导力是一门技术”，而非“一项才能”。

领导力技术是一门上手简单、容易掌握的技术。当然，大多团队需要花费一定时间才能做出成绩来，但是让团队成员每一个人都干劲儿十足，积累一些小小的成功经验，这并不需要花费太多时间，领导也会由此在不断掌握领导技术的过程中实现对团队的管理。

本书定价为 1500 日元，涵盖了 61 个领导力技术，所以平均每一个技术只需读者付 25 日元。如果大家花 25 日元就能够掌握一项领导力技术，并在观察成员们的表情，制造团队氛围，甚至提升团队业绩等方面都卓有成效，并感受到由此而产生的扩大效应的话（这些就是带领团队的乐趣和作为领导的特权），那么，这本书也算得上是物超所值了。

在创作本书期间，作为一个不成熟的领导，我经常陷入“不是这样”“不是那样”“这个做法最近失败了”“这里的内容和那里的内容矛盾了”这种思维冲突中，这给钻石社的和田史子、广畑达也，协助文章统稿的青木由美子，以及本公司的广告团队带来了诸多不便，我对他们的耐心和鼓励表示深切的感谢。

我本人也是刚刚开始学习掌握领导力技术，今后我也会一如既往去观察各式各样的领导，“偷学”他们的领导力技术，通过带领各种不同的团队来反复尝试，提高自身的领导水平，和大家一起愉快地完成工作任务。

高岛宏平

附录——领导的挫折与误判对照表

正因为有领导深感带领团队的烦恼，才有“技术”存在的必要。基于这个想法，我创作了本书。因为从我的自身经验来看，立志成为一名优秀领导的目标固然出色，但打磨人性耗时良久，对解决当下面临的实际问题并无太大益处。

本书的文末附录以对照表的形式总结了领导的“挫折”——课题、不安和困惑，以及领导经常发生的“误判”。这个对照表涵盖了我本人的大量经验，有过团队领导经验的读者在阅读时一定会不由自主地产生共鸣。

此外在各条目的末尾，也标明了相应技术所在的章节，读者可以参照书中对应的技术，进一步审视自身的问题。希望这本书能够对您的团队建设和运营有所裨益。

那么，现在就开始行动吧！

领导的挫折对照表

领导的挫折	所在章节
□ 随意分派工作给成员，结果搞砸了	第 1 章 -3
□ 明明每天都在交流，成员却说没有表达自己意见的机会	第 1 章 -6
□ 不知道该把高压工作分派给哪一个部下	第 1 章 -7
□ 团队里有成员自暴自弃	第 1 章 -8
□ 头一次做领导，担心大家不听自己的话	第 2 章 -1
□ 表达的愿景和理念总让人觉得空泛	第 2 章 -2
□ 成员对自己的话总是一副似懂非懂的样子	第 2 章 -3
□ 日日忙碌却感受不到进步	第 2 章 -5
□ 想要提建议，成员却说自己说的和上次不一样	第 2 章 -6
□ 虽然害羞，却不得不传达公司和团队的理念，同样的话重复多次令人头疼	第 2 章 -7
□ 总是在同一个房间里开始日常会议，让人一走进屋子就感到气氛沉重	第 2 章 -8
□ 自己热情高涨，却感受到和周围的成员之间存在“温度差”	第 3 章 -4
□ 团队不够团结，人情淡薄	第 3 章 -5
□ 成员抱怨会议时间太长	第 3 章 -6
□ 不知道该分派给新人和年轻成员什么工作	第 3 章 -7
□ 使唤不动团队内的资深员工	第 3 章 -8
□ 团队里有“评论家”似的成员	第 4 章 -3
□ 成为跨部门团队的领导，但各部门汇集来的成员从热情程度到工作认识都不一样	第 4 章 -4
□ 其实身为领导的我有时也会胆怯	第 4 章 -5
□ 明明想要表扬部下，说出来的话却苍白无力	第 5 章 -4
□ 调动过来的成员消沉沮丧	第 5 章 -6

续表

领导的挫折	所在章节
□ 团队里有一斥责就委屈哭泣的胆小鬼，却未能注意到	第 5 章 -9
□ 有成员明明一个人就可以搞定事项，却非要依靠领导完成	第 5 章 -11
□ 不知道从哪儿下手，成了“常败将军”	第 6 章 -1
□ 被上级分派了一个懒惰推诿的团队	第 6 章 -2
□ 团队方针是“全力以赴”，大家工作努力，气氛和谐，业绩却始终上不去	第 6 章 -5
□ 团队重组耗时良久，在此期间担心自己难以维持成员的干劲儿	第 6 章 -7
□ 成员获得巨大成功，自己却有点懊恼，想要表现一下自己不服输的劲头儿	第 7 章 -2
□ 过去的失败又在团队里重演	第 7 章 -5
□ 和上司商量的话工作反而难度增加	第 7 章 -6

领导的误判对照表

领导的误判	所在章节
□ 为了给消沉的成员打气，热烈鼓舞最重要	第 1 章 -1
□ 让团队里最活跃的成员去负责企划工作吧，他们会提出很多好点子	第 1 章 -2
□ 有部下会议上少言寡语，邮件却写得冗长而热情	第 1 章 -4
□ 领导应该观察成员的烦恼	第 1 章 -5
□ 把自己对团队呕心沥血的经历分享给成员，他们应该也会效仿跟随	第 2 章 -4
□ 在工作场所称呼外号非常缺乏常识	第 2 章 -9
□ 分配团队任务时首先考虑成员之间的性格投缘度	第 3 章 -1
□ 年轻成员想要做的工作基本上都会交给他们去做	第 3 章 -2
□ 成员性格和强项各有不同，难以形成团队统一感	第 3 章 -3
□ 无论多难，首先解决最重要的课题	第 4 章 -1

续表

领导的误判	所在章节
□ 重视速度，“摸着石头过河”是现在的团队管理原则	第 4 章 -2
□ 虽然团队不够团结，但每个成员都成绩优秀，因此问题不大	第 4 章 -6
□ 一次成功之后就马上想要迎接下一个挑战	第 4 章 -7
□ 自己本身没有责备或褒奖别人的资格	第 5 章 -1
□ 成员本人认为自己不擅长的工作，基本上不会交给他去做	第 5 章 -2
□ 有成员希望克服自身弱点，能够独当一面	第 5 章 -3
□ 笨嘴拙舌不会表扬	第 5 章 -5
□ 做领导重要的一点是忍耐，虽然有很多想要提醒部下注意的地方，但还是选择默默忍耐	第 5 章 -7
□ 即便被误解，领导也要对成员严加斥责	第 5 章 -8
□ 最近对从前大加斥责的下属不怎么指责了，也许是成长了吧，心里感到欢喜	第 5 章 -10
□ 为了提高士气，尽量听取部下的要求	第 5 章 -12
□ 为了重建团队，领导应该是团队的“万金油”	第 6 章 -3
□ 在团队重建中听取成员的意见后会产生“意外的效果”	第 6 章 -4
□ 团队遇到困难时，我行我素的成员批判领导后就离开了团队，这样的人绝对不能原谅	第 6 章 -6
□ 团队中最优秀的成员是我自己	第 7 章 -1
□ 领导工作量“翻倍”的话，团队业绩也会随之提高	第 7 章 -3
□ 不管什么工作都要进行权限下放	第 7 章 -4
□ 通常应该录用对公司充满热情的人	第 7 章 -7
□ 重视团队的和谐与文化，不希望选用有违和感的成员	第 7 章 -8
□ 团队人数增加，自己也积累了领导经验，只要灵活运用就没有问题	第 7 章 -9
□ 我的团队每一个人都积极向上，是支优秀的队伍	第 7 章 -10